JN409481

담장을 넘을까 봐

담장을 넘을까 봐

오승휴 수필집

수필과비평사

■ 책머리에

햇살이 눈부시다.
생명체에 추동력을 불어넣는 뜨거운 계절,
산과 들과 바다는 푸르고 꽃들은 싱그럽다.
자연은 우리의 삶의 터전이며 마음의 고향이다.

바람 불고 물결치는 아름다운 제주 섬,
풍파는 인연의 물결을 일으켜
사랑과 추억과 희망으로 사람들을 감싸 안는다.
인간과 자연의 부드러운 조화가 경이롭다.

모진 비바람을 견디며
척박한 삶을 살아온 선조들이 지켜온 제주,
이곳에서 나고 자랐다.
그리고 여기 고향에서 살고 있다.
지나온 날은 굴곡진 힘든 세월이었다.

그러나

찬찬히 뒤돌아보면 못 잊어 눈물짓는다.

스치듯 지나간 인연의 은혜로움을

가족과 이웃의 소중함을

인생길에 행복을 깔아주신 그분의 은총을

수필이라는 친구를 만났다.

메마른 내 마음밭에 그 친구가 씨를 뿌린 지

어느덧 칠 년.

소소한 내 삶과 사색의 편린이 담긴 두 번째 산고産苦다.

조급함이 부른 가당찮은 욕심 탓에

모자란 식견이 빚은 어설픈 글들이라 부끄럽다.

공명共鳴을 불러올 것 같지 않아 고심한다.

용기를 가상히 여기시어 독자 제위의 양해를 바란다.

아낌없는 격려와 조언을 주신 모든 분들께 감사드린다.

2013년 여름날

오승휴

| 차례 |

▌책머리에 • 4

1. 담장을 넘을까 봐

동박새가 바람났네 • 13
연장전을 즐기시라 • 18
담장을 넘을까 봐 • 23
짜릿한 감동, 벅찬 기쁨 • 28
저 바다의 은물결처럼 • 32
수필, 이 친구야! • 37
낯선 산골에서 • 40
왜 그리 반했더냐 • 45
들썩이는 섬 • 50
그림자 • 55

2. 굴곡진 길

63 • 굴곡진 길
68 • 은혜로운 인연
73 • 사내녀석이 울기는
76 • 토끼의 행방
81 • 형제여, 잊었는가
86 • 따스한 손길
91 • 애야, 인동꽃을 보아라
97 • 그 한마디
102 • 안개 속을 헤매다
107 • 울릉도야, 갈매기야!

3. 그 손짓에 마음이 머물고

산뜻한 출발 • 115
치자꽃 향기의 추억 • 120
그리스인의 고향, 델포이 • 125
그 손짓에 마음이 머물고 • 130
조각구름의 날갯짓 • 134
우두봉에 올랐어라 • 139
고향에 부는 바람 • 145
아, 이제야 • 150
들녘에 저무는 가을 • 155
12월에 받은 편지 • 159

4. 설한풍 불었는데

167 • 아찔했던 순간
171 • 설한풍 불었는데
176 • 우리 집 제비둥지
181 • 토성 밖에 샘물 있었네
187 • 느림의 향기
192 • 어느 메밀국숫집 풍경
197 • 사랑의 자물쇠
202 • 소철이 끄떡없네
207 • 억새꽃 핀 들녘
211 • 털머위가 속삭이듯

5. 숲 속에서 길을 묻다

숲 속에서 길을 묻다 • 219
수루에 올라 • 224
족제비의 선물 • 230
오십견에 울고 웃고 • 235
이상한 하루 • 239
고추를 심었더니 • 244
공산성은 말이 없다 • 248
노르웨이, 나를 사로잡다 • 253
계곡에 옛 풍류 흐르고 • 258
이제 시작일 뿐인데 • 263

■ **발문 | 우한용**禹漢鎔(소설가, 서울대 명예교수)
≪담장을 넘을까 봐≫에 부치는 사신私信 • 268

1
담장을 넘을까 봐

날이 가고 달이 지나며 해가 몇 번 바뀌니, 옆집을 넘볼 만큼 자란 나무와 화초로 정원은 가득하다. 화초가 계절 따라 꽃을 피우듯 목련나무도 봄이면 하얀 꽃을 피워낸다. 가을엔 감나무에 노랗게 익은 감도 보인다. 옆집 담장을 넘어온 대추나무의 빨간 열매와 노란 감이 어우러지면 한 폭의 그림을 연상케 한다.

동박새가 바람났네

꽃구경 가자고 약속한 날이다. 손녀와 봄나들이에 나섰다. 벚꽃축제가 열리는 거리는 상춘객들로 출렁인다. 대학로의 벚꽃 터널을 지나 숲길을 걸으며 봄꽃의 향연을 즐기고 있다. 거리에도 숲 속에도 온통 벚꽃이다. 흐드러지게 핀 벚꽃이 화사하다. 흐르는 세월에 허전했던 마음이 행복감으로 충만해진다. 자연은 푸짐한 선물로 우리를 기다렸나 보다.

"저 나뭇가지에 저게 뭐예요?"

숲 속 둔덕에서 어린 손녀가 호기심 어린 눈으로 큰 벚꽃나무를 가리킨다. 자생지가 제주인 왕벚꽃나무다. 꽃 핀 가지에 뭔가 얼핏얼핏 움직인다. 손가락을 입에 대고 "쉿." 했다.

가까이 가서 올려다보니 조그만 새다. 예쁘고 귀엽다. 한두 마리가 아니다. 어떤 녀석은 작은 가지에 거꾸로 매달린 채 꽃술을 먹고 있다. 찌이찌이 노래하며 가지를 민첩하게 옮겨 다닌다. 눈을 반짝반짝 굴리며 방해꾼은 없는지 경계심이 대단하다. 자세히 보니 동박새가 아닌가. 벚꽃 속에서 노는 녀석을 만나다니 뜻밖이다.

어릴 적 고향집 텃밭에는 큰 동백나무가 몇 그루 있었다. 동백나무는 관상수로서 방풍 울타리 역할을 하기도 했다. 천미천 내가 흐르는 고향마을 온 동네가 그 군락지였고, 동백꽃은 정말 꿀맛이었다. 향기로운 꽃과 꿀을 찾아 동박새들이 몰려들었다.

녀석은 동백꽃 속을 들락거릴 만큼 몸집이 작다. 몸 빛깔은 녹색인데 목이 노랗고 배는 하얗다. 눈 주위엔 흰빛의 동그란 무늬가 있어 눈이 도드라져 보인다. 애완용으로 탐낼 만큼 앙증맞게 귀여운 새다.

동네아저씨는 이 새를 덫으로 잡아 팔기도 했다. 대나무 잔가지로 새장을 만들어 동백나무에 걸어 덫을 놓았다. 아이들은 그 아저씨를 곧잘 좇아다녔다. 집에서 기르고픈 건 마음뿐, 나는 꿈까지 꿨지만 어림없는 일이었다. 덫을 놓아 잡은 날짐승이나 새를 집에서 키우는 것은 안 된다고 어머니의 만류가 대단했다.

어머니는 우리 집 동백나무에는 덫을 못 놓게 했다. 동네아저씨가 사정해도 거절했다. 이걸 눈치챈 듯 새가 떼 지어 날아들었다. 동백꽃이 피었다 지면 동백이 주렁주렁 달렸다. 어머니는 오일장에 가서 그 열매로 기름을 짜서 동네에 인심을 썼다. 동백기름은 식용이나 약재로도 쓰였지만, 머릿기름으로 최고였다.

여성이면 너나 없이 반질반질 윤기 나는 까만 머리를 원했음에랴. 화장품이 귀했던 시절, 소중한 여성필수품이었다.

당시 먹을 것이 귀하기는 사람뿐만 아니라 새들에게도 마찬가지였다. 동백꽃의 단 꿀은 새들에게 좋은 먹이였고, 나무는 그들의 거처였다. 꿀을 먹으며 몸에 묻힌 꽃가루는 이 꽃 저 꽃으로 옮겨지니 꽃수정이 활발히 이뤄져 해마다 열매가 볼 만했다. 애틋한 꽃의 사랑에 예쁜 새의 응답으로 맺어진 결실이렷다.

이제 와 생각하니 새삼 생태계의 아름다운 모습이 아닌가. 꽃과 새의 공생에 감동하지 않을 수 없다.

요즘은 예전과 달라졌다. 동백꽃은 녀석의 전유물도 소유물도 아니요, 혼자만 독차지할 수 있는 사랑의 대상도 아니다. 벌과 나비가 그 역할과 사랑을 넘보며 몰려든다. 개량 동백꽃이 나와 가을에도 봄에도 피니 벌과 나비가 그 꿀맛을 알고 만 것이다. 동박새도 동백꽃만 바라보며 살 수 없음을 이제 눈치챘나 보다. 변한 것이 어디 한둘인가. 받아들여야 하는 어쩔 수 없는 변화라고나 할까.

벚꽃을 따먹으며 동박새가 신나게 놀고 있다. 벚나무가 자연의 빛과 소리에 때맞춰 꽃을 만발하게 피워낸 것이다. 벚나무는 겨울추위를 견디려 얼마나 발버둥쳤을까. 봄을 시샘하는 비바람에 꽃망울 터트릴 시기를 놓칠까 봐 애간장을 태웠으리라. 봄햇살을 기다리며 바람 소리 물소리에 귀기울여 온 벚나무가 아니던가. 혹독한 인고忍苦의 세월을 견디며 출산의 진통을 겪고 태어난 벚꽃이 눈부시다. 살랑대는 봄바람에 연인의 마음을 사로잡으려는 듯 꽃잎도 허공에 팔랑거린다.

동백꽃에 뒤질세라 한껏 아름다움을 자랑하는 왕벚꽃. 조잘조잘 수다를 떠는 새와 사랑을 나누는 품새가 아기자기하다. 그 달콤한 사랑을 훔쳐보느라 눈길을 쉽사리 돌리지 못하는 나이 든 내가 꽤나 우습다. 옛 선비는 '일지춘심一枝春心을 자규子規야 알랴.'라며 봄을 노래했는데, 저 녀석은 기다림에 애타는 동백꽃을 벌써 잊었을까. 세월이 흘러도 변치 않은 것이 있을 터인데.

"동박새가 어째서 벚나무에서 놀고 있나요?"

신기한 듯 고개를 갸우뚱하며 손녀가 묻는다. 으음, 이걸 어쩌나. '동박새' 하면 동백꽃이 떠오르는가 보다. '바람났다'는 말뜻을 어린 손녀가 알까. 벚꽃이 예뻐서 그럴 거라고 대답하려니 얼굴이 붉어진다.

어린 시절이 그립다. 오늘 밤엔 꿈속에서 바람난 그 녀석을 붙잡을지도 모르겠다.

연장전을 즐기시라

누구나 인연을 맺으면서 세상을 살아간다. 필연이든 우연이든, 인연의 굴레를 벗어나기는 쉽지 않다. 태어남의 연분이 자신의 뜻과 무관하게 맺어진 것이라면, 살아가면서 쌓는 인간관계는 거의 선택으로 이뤄진다. 혈연이나 지연이 있는가 하면, 학연이나 직장의 연緣도 있다. 어느 하나 가벼이 버릴 수 없는, 뱃길에 등댓불처럼 귀하디귀한 빛들이다. 그 빛이 비추는 반경半徑을 어찌 다 어림할 수 있겠는가.

직장은 내게 주어진 삶의 집이요, 인생의 길이라 생각하며 살아왔다. 직장인이자 지역사회의 공인으로서 걷는 그 길이 평탄하기만 했겠는가. 뒤돌아보면 꿈만 같다. 유혹도 여러 번 넘겼고

운명을 한탄하며 눈물을 흘린 적도 한두 번이 아니었다. 어지럽기 그지없던 1970년대 유신시절, 백지사표를 강요당한 것은 또 몇 번이었나. '마음이 아프다.'고 소리치고 싶었던 순간들을 어이 다 헤아릴 수 있으랴. 무탈하게 직장을 마칠 수 있을까 걱정했었다. 외길만을 고집하는 나의 우직함은 한때 놀림감이기도 하였으니.

삼십여 년의 직장생활을 마감하자 반겨 맞아준 곳이 퇴직동인회다. 회원 연령층이 다양한데도 한 가솔처럼 살가운 분위기다. 직장의 인연은 직장에서 끝나는 것이 아니었다. 선후배와의 회동이 참 재미있다. 모두가 다정한 친구들 같다. 술잔 나누노라면 회원들의 민낯이 그대로 드러난다. 인생을 논할 땐 파릇한 젊은이 같다. 기쁨이 솟구치고 꿈이 돋아난다.

며칠 전 모임에서 H 선배의 건배사에 술이 엄청 취했다. 그 분위기에 취한 듯 지금까지 흐뭇하다. 참 흥겹고 뜻있는 시간이었다.

건배사를 부탁받은 그 선배는 팔순이나 된다. 나이답지 않게 정정하고, 후배를 정겹게 대해주는 마음 따스한 분이다. 술잔을 들고 뜸을 들인 후 느릿느릿 운을 띄웠다.

"여성분들에겐 미안한 얘기지만 건배사와 여자 치마는 짧을수록 좋다던데, 운동경기는 연장전으로 갈수록 조마조마하고 재밌다고 하대요. 여러분, 그렇지요?"

와~아, 웃음꽃 속에 복잡한 시선이 쏟아졌다. 요즘 인기 있는 경기가 축구라는 것이다. 인생을 축구경기로 본다면, 나름으로는 오십대까지는 전반전이요 후반전은 칠십대까지라 했다. 그런데 재미있는 경기는 승부를 가름하는 연장전이지 않은가. 인생도 팔십대의 연장전에서 승부가 난다는 것이었다. 황혼 길에서 신바람 나는 경기를 연장전까지 펼쳐 아름답게 생을 마무리하는 게 소망이라 했다.

"슛, 골인!"

연장전에 들어선 그 선배의 건배구호도 멋졌다. 술잔에 웃음과 희망을 담고 '슛!' 하고 선창하자, 회원들이 다 함께 '골인!' 했다. "연장전을 즐기시라. 건강하고 행복하시라." 하면서 건배사를 마쳤다. 우레와 같은 박수 소리가 좌중을 휘돌았다.

선배는 당당하고 의연했다. 매사에 도저到底한 그분의 한마디

가 공감을 불러 모았다. 훈훈한 마음을 한잔 술에 담아 삶의 자세를 건배사로 넌짓 전달코자 함이렷다. 술잔에 정이 넘쳐흐르고 그윽한 향기가 풍겨났다. 삶의 길을 걸어오는 동안 이뤄낸 일들을 생각하면서 흥겨워하고 있는 그분. 성취된 것이 혹여 기대에 못 미쳤다고 하더라도 최선을 다했음에 만족하고, 연장전을 준비하고 즐기라는 조언이었다.

선수가 되어 연장전까지 뛰려면 어찌해야 할까. 사전준비가 중요하리라. 기초체력은 물론 충분한 자질도 갖춰야 할 터. 재미있는 경기를 펼쳐 관중을 신나게 하는 것 또한 선수의 책무가 아니던가. 팀 구성원과 호흡도 맞춰야 하고, 열정을 갖고 스스로 게임을 즐길 줄 알아야 선수생활을 오래 지탱할 수 있지 싶다.

무엇보다 관건은 선택과 집중일 것이다. 아무나 모든 경기의 선수가 될 수는 없는 일. 경기를 관전하며 노는 관중도 있어야 하리. 선수냐, 관중이냐다.

직장을 퇴직하면 여유로운 시간을 보내리라 꿈꿨던 내가 아니던가. 한데 바쁘게 살아가고 있는 느낌이다. '왜 그리 바쁘냐?'고 물으면 별로 내세울 것이 없다. 모임에 시간 뺏기기 일쑤다. 어쩌면 관전하며 함께 놀 수 있는 게 모임인지 모르겠다. 동창모임이나 취미클럽, 고향모임에다 퇴직동인모임 등 적지 않다. 어느 하나도 떨쳐버리지 못한 채 지내고 있다. 하나에 집중 못하는 나는 관중이 적격일까. 즐기는 데야 관중도 선수 못지않게 마련. 고독한 것보다 훨씬 낫다면서 부러워하는 친구도 더러 있다.

왠지 요즈음 동인회에 마음이 더 끌린다. 참석만으로도 젊어지는 기분이다. 얘기를 나누노라면 옛 추억에 빠져 눈물을 쏟기도 한다. 험난하고도 보람찬 고갯길을 손잡고 넘어온 회원들이 잖은가. 동지애가 깔려서인지 분위기 좋다고 소문이 자자하다.

나이는 숫자에 불과하다 그랬다. 연장전을 즐기시라! 그날의 건배사가 미상불 마음에 스민다. 인간은 무릇 인연 따라 잠깐 머물다 가는 존재라 했지. 흐르는 세월을 붙잡고, 여럿이 어울려 여생을 즐길 수 있다면 오죽 좋으랴. 꿈과 희망이 넘치는 젊은이처럼.

직장인연이 행운을 내게 심어주었다. 가슴속에 뜨겁고 깊은 감사가 넘친다. 오, 해가 뉘엿뉘엿해도 함께할 벗들이여!

담장을 넘을까 봐

봄이 꽤 변덕스럽다. 삼월에 들어서자 메마른 땅을 흠뻑 적셔주는 단비가 내렸다. 그러더니 얼음장 같은 찬바람이 춘설春雪을 펄펄 휘날려 한동안 가슴을 설레게 했다. 우수 뒤에 찾아온 경칩이 잠자는 땅을 흔들어 깨움인가, 봄을 시샘함인가.

눈비가 왔다가 그치고 구름 걷힌 봄날이다. 지나간 빈자리를 메우듯 따스한 햇살이 숲 속으로 쏟아진다. 허허로웠던 마음도 봄눈처럼 녹아내린다.

숲 속에 봄이 활짝 피었다. 숲은 봄의 향연을 펼치는 꽃과 새들의 천지다. 장끼가 꼬리를 곧추세우고 꿩꿩 짖어대자 새들이 뒤질세라 소란스럽다. 개나리와 봄꽃들이 꽃망울을 터트려 자태를 자랑하고 있다. 봄의 소리와 향기가 숲 속을 거니는 발길을 붙잡는 오후다.

"사진 한 장 찍으려고요."

산책을 마치고 집 마당으로 들어서다 움찔했다. 사진기를 둘러멘 낯선 젊은이가 마당에 서 있는 것이 아닌가. 담장 옆 목련나무에 핀 하얀 목련을 쳐다보며 얼굴도 돌리지 않는다. 겸연쩍었는지 머리를 긁적거리는 손길에 수줍음이 보인다. 총각 같다. 지나가다 목련꽃이 탐스러워 들어섰다는 얘기다.

우리 집은 조붓한 터에 몇 해 전 지은 주택이다. 동네에선 꼴찌로 들어선 셈이다. 이웃집에서 쌓아올린 담장은 우리 울타리도 되어주었다. 마당에 작은 정원이라! 생각만 해도 좋았다. 감나무와 목련나무 묘목을 사다 심고 화초도 곁들였다. 자식농사보다 더 정성들인다며 아내가 놀려댔다. 담장도 산뜻하게 페인트를 칠했다. 모양새를 갖추니 제법이었다.

날이 가고 달이 지나며 해가 몇 번 바뀌니, 옆집을 넘볼 만큼 자란 나무와 화초로 정원은 가득하다. 화초가 계절 따라 꽃을 피우듯 목련나무도 봄이면 하얀 꽃을 피워낸다. 가을엔 감나무에 노랗게 익은 감도 보인다. 옆집 담장을 넘어온 대추나무의 빨간 열매와 노란 감이 어우러지면 한 폭의 그림을 연상케 한다.

지난해 늦가을 어느 아침, 예기치 않은 일이 생겼다. 뜰에 나간 나는 어리둥절했다. 이웃을 넘보던 감나무 굵은 가지가 잘려나가고 담장 위로 휘늘어졌던 대추나무 가지도 잘라버린 것이었다. 참으로 황당했다.

"그래, 주인 잘못 만나 고생이 많구나."

감나무를 어루만지며 쓰린 내 마음을 달래듯 위로를 했다. 짐작건대 대추나뭇집 아저씨의 소행이 분명했다. 싸울 수도 없고 속만 끙끙 앓았다. 고맙다는 말이라도 들으려 저지른 일은 아니었을까. 그래도 그렇지, 말도 없이 옆집 감나무를 가지쳐버리다니! 옆집이 먼 이웃인가. 제 나름으로는 일손을 덜어주려는 듯 전정가위와 톱으로 깨끗이 잘라 담장 경계를 갈라놓은 것이었다. 샘이 나서 그러진 않았을까. 처녀총각처럼 감나무와 대추나무가 가을을 멋지게 그려냈었는데.

어쨌든 해명은 있어야 할 듯싶다. 감나무가 먼저 담장 너머로 가지를 뻗쳤는지, 대추나무가 앞서 넘어와 휘늘어졌는지를. 하지만 알 수 없으니 안타깝기만 하다.

감나무가 유혹의 손길을 뻗치듯 먼저 담장을 넘봤을까? 아닐 것이다. 아마 대추나무가 먼저였지 싶다. 바람이 불면 늘 넘보는 것이 대추나무였으니 말이다. 혹여 동시에 넘어왔을지도 모르지. 젊은 남녀 간에도 처음 누가 구애의 손짓을 했는지는 그들만이 알 뿐이니까. 이웃집 아저씨도 오죽 답답했으면 가지를 잘랐으랴. 내 생각이 짧았나 보다. 그래, 만나면 어른스레 씩 웃고 지나갈 테다.

문제는 옆에서 이 모든 것을 지켜본 목련나무였다. 목련의 푸르고 넓은 잎은 비바람, 뜨거운 햇볕에 얼마나 고생했을까. 겨울에 들어서자 잎을 다 떨어뜨리고 목련은 찬바람을 견디려 솜털처럼 보드라운 꽃봉오리를 내밀었다. 목련은 미리 겨울을 준비하고 봄꽃을 품고 있었나 보다. 누군가 노래했듯 '봄바람 불어오고 개나리 활짝 피면 저기 저만큼 임이 올까' 하며 기다리는 목련이 아닌가. 그런 목련이 이웃 담장을 넘을까 봐 걱정스런 마음이었다.

3월 중순, 우리 집 목련나무에 꽃이 활짝 피었다. 눈비가 그치고 봄바람이 살랑대자 따스한 햇살에 본연의 자태를 드러낸 것이다. 겹겹이 쌓인 외로움을 벗어던진 것처럼 하늘로 곧게 치솟은 나무에 꽃잎은 백옥처럼 희다. 청초하고 우아하다. 수줍은 미소를 띤 처녀 같다. 길고 지루했던 겨울바람의 통로를 지나 찬란한 햇빛 찾아 나왔는가. 담장을 넘을까 봐, 이웃집을 넘볼까 봐 애태웠던 기억이 무색하다. 가지가 잘려나가면 어쩌나 하는 것 또한 헛걱정이었다. 월담하지 않은 목련이 고마울 뿐이다.

무소유의 삶을 살다 가신 법정스님이 떠오른다. 며칠이 지나면 목련꽃도 지고 말 것이다. 스님의 말처럼 바람이 나뭇가지를 스치듯 사람도 누구나 떠난다. 자연의 법칙이자 만고의 진리다. 그러하나 속인이야 어찌하리. 목련을 버릴 수 없으니.

걱정은 순환되는 우리네 삶의 한 풍경이다. 내게 한없는 애절함이 다른 이에겐 무심한 일상이 되기도 한다. 앞에서는 미안해하면서도 뒤에선 민망스레 입술을 비쭉거릴 때도 있다. 젊은이도 살다보면 목련 걱정하는 이 마음을 알리라.

봄햇살이 얼굴 위로 부서진다. 목련이 지나는 그 젊은이를 먼저 유혹한 것은 아닐까. 뜰안에 꽃향기가 그윽하다.

짜릿한 감동, 벅찬 기쁨

저토록 아름다울 수 있을까.

동계올림픽 빙상경기의 열기가 후끈하다. 얼음 위를 나는 '피겨의 여왕' 김연아의 몸동작은 옹골차고 유연하다. 날렵하게 솟구치며 회전하는 박진감 넘치는 점프와 질주는 바람처럼 빠르다. 허공을 들어올리듯 펼치는 손동작은 부드럽기 그지없다. 자아에 몰입해 감정을 발산하는 그 눈매와 표정! 그녀의 움직임은 인간이 얼음판 위에서 표현할 수 있는 가장 아름다운 예술이라 할 만하다. 감히 누구도 시선을 돌릴 수 없을 만큼 매혹적이다.

조그만 실수나 방심도 안 보인다. '삐끗하면 어쩌나.' 하는 숨 막히는 순간들, 계속되는 4분의 흐름이 굼벵이처럼 느리다. 사람들이 지켜보며 느끼는 순간순간 긴장의 무게가 견디기 힘들 정도다. 그 긴장감 속에서도 그녀는 하늘의 천사처럼 물속의 인어처럼 우아하게 움직인다. 혹시 있을지 모를 실수에 대한 불안하고 초조한 마음이 그녀의 움직임을 짓누르지도 않는 걸까. 관중은 그 의연함에 놀라 조마조마하는데 그녀는 오히려 미소를 짓고 즐기면서 리듬을 타고 있다. 저리도 자연스럽게 연기를 펼칠 수 있다니!

"와아, 멋지게 해냈어!"

경기를 마친 그녀가 두 팔을 들어올린다. 마치 자기에게 소리치는 듯하다. 콧잔등을 타고 주르륵 흘러내리는 꽃망울 같은 눈물을 손바닥으로 훔친다. 갓 스물을 넘긴 그녀가 '해냈다.'며 승리를 확인하는 기쁨의 표현이다. 감당하기 힘든 고비를 넘기면 황홀함과 환희가 찾아들게 마련인가. 가녀린 두 어깨로 견뎌온 무거운 짐을 내려놓는 순간 온갖 감회가 쏟아내는 눈물일 것이다. 텔레비전을 보는 나도 짜릿한 감동에 코끝이 시큰해오며 두근거렸던 가슴이 뭉클하다.

"경기 끝나고 처음 울어봤는데 이유는 잘 모르겠다. 너무 기뻤고, 모든 게 끝났다는 느낌이 들었다." 하면서 환하게 웃었다. 그녀가 털어놓은 눈물의 이유다.

올림픽 여자 피겨스케이팅은 '빙상의 꽃'이라지 않는가. 우리 선수가 금메달을 따리라고 생각한 사람은 몇 해 전까지만 해도 없었다. 그저 꿈같은 이야기로 여겼다. 그녀가 오늘 그 꿈을 온전히 현실로 펼쳐 보여준 것이다. 그 뒤편엔 오랫동안의 혹독한 훈련과 고난을 극복해온 그녀의 열정과 강한 의지가 있었다. 거기에다 어머니의 헌신이 바로 밑거름이었다. 여섯 살 딸의 재능을 알아보고 모든 시간과 노력을 딸의 뒷바라지에 쏟아온 것이다. 어머니의 희생을 바탕 삼아 딸의 의지와 땀으로 세계신기록을 세우며 일궈낸 금메달. 우리 민족의 저력과 끈기를 느끼기에 충분했다. 나라의 품격을 한층 높였다.

밴쿠버 동계올림픽을 지켜보며 대한민국이 퍽 자랑스러웠다. 스포츠 선진국들끼리 경쟁하는 피겨에서 주눅 들지 않고 우리 선수가 자기 실력을 뽐내며 승리했다. 그녀가 세계인의 마음도 움켜잡은 듯하다. 찬사와 환희의 물결로 온 세상이 출렁인다. 새 피겨여왕의 탄생으로 우리나라가 겨울 스포츠 강국으로 떠오른 것이다.

그녀의 눈물은 땀 흘려 노력한 뒤에 오는 감동과 감격에 절로 솟구친 눈물이었다. 모든 사람들을 행복하게 할 만큼 눈물의 힘은 위대했다. '하면 된다!'라는 강한 의욕을 마음속에 불러 들썩거리게 만들었다. 승리의 눈물이 온 국민의 마음을 한데 모아 뜨거운 가슴으로 살게 기쁨과 용기를 주었지 싶다. 한 사람의 승리의 위력이 이렇게 큰 영향을 미칠 수가 있다는 것을 누가 알았으랴.

은반의 요정 김연아. 그녀는 실력뿐만 아니라 표정과 행동이 더없이 밝고 당당했다. 모든 면에서 월등하고 화려하기 한량없었다. 감정 표현에 서투른 어른들 세대와 달리 시상대에서도 세상의 시선을 끌어모았고, 기자회견에서도 자기 생각을 거침없이 드러냈다. 깊은 곳에 숨겨놓은 그 무엇이 환하게 보이는 듯했다.

이제 보니 그녀는 우리나라 젊은이의 표상 같다. 여리고 철없어 보이던 그녀의 어디에 그런 저력이 감춰져 있었던 것일까. 솟구쳐 오르는 샘물처럼 희망을 뿜어내는 젊은이다. 어느 나라 누구에게도 위축되지 않는 자신감을 갖고 있다. 피눈물 나는 그녀의 노력이 없었다면 '피겨의 여왕'이라는 결실은 불가능했으리라. 너나 없이 아낌없는 박수를 보내고 있다.

만나는 사람마다 얼굴에 웃음꽃이 활짝 피었다. 온 나라가 흥분과 환희의 도가니에 빠져 그녀의 승리 이야기다. 가슴이 뿌듯하고 벅차다. 요새 우리나라는 전 세계가 이야기하듯 모든 분야에서 역동적이다. 한국인이라는 사실이 자랑스럽다.

벌써 봄꽃 소식도 문턱에 다가왔다. 용기와 희망을 주는 어떤 기운이 주위를 휘감아 돌고 있다. 참으로 기쁘고 행복하다.

저 바다의 은물결처럼

아름다운 제주 섬이 어깨를 우쭐대게 한다. 대자연의 보고寶庫로 각광받고 있다.

화창한 어느 날, 한 노인을 우연히 알게 됐다. 노인의 아름다운 기부가 시중의 화젯거리다. 자기가 소유한 목장부지인 임야 사만육천여 평을 고향의 대학발전기금으로 쾌척해 모두의 마음을 출렁이게 하고 있다. 그게 시가로 삼백여억 원이나 되는 땅이라니!

더욱더 놀라운 것은 그분이 기부하게 된 동기다. 자연에 대한 고마운 마음에서 그랬다는 것이다. 눈이 휘둥그레질 수밖에 없다. 동기 자체가 놀라움을 넘어 자못 엄숙하기까지 하다. 마음속에

닫혔던 문을 활짝 열게 한 뭔가 분명히 있다. 소중한 목장을 기부할 만큼 자연에 감사하는 그 마음은 도대체 어디서 나온 걸까.

“자연은 보물창고와 같다. 혼자 독점할 게 아니다. 은혜로운 자연의 혜택에 감사한다. 고통받는 환자들이 보물창고를 이용할 기회를 갖도록 하는 것이 사회에 이바지하는 길임을 확신했다. 이 목장부지에 노인병원과 요양시설을 건립해주길 바란다.”

그분은 호감이 가는 얼굴에 함박웃음을 띠고 있었다. 그토록 의연하게 기부 동기와 소망을 밝히는 모습이 너무나 아름다웠다. 마음이 사랑으로 젊어지면 몸도 건강하게 되나 보다. 나이가 믿기지 않을 만큼 정정했다. 목장을 인수한 지는 삼십 년이 넘었다고 한다. 그 후 줄곧 그 목장에서 살아온 것이다. 가축을 사육하면서 가시덩굴과 잡목을 정리하고 산림을 보호, 관리해온 86세의 노인. 팍팍한 삶에서 조그마한 기부도 쉽지 않는 일이다. 그러기에 그 선행이 더 큰 울림으로 다가왔다.

목장 주인인 그분은 제주시 오등동 출신인 K 노인이다. 고향을 떠나 광주에서 대학을 나왔다. 그곳에서 동물병원장과 지역 수의사회장도 역임한 분이다. 고향을 잊지 못해 자신이 나고 뛰놀던 한라산 자락의 고향마을 인근에 있는 목장을 구입했다. 퇴임 후 사슴과 소를 손수 키우는 세월 동안, 애지중지 온갖 애틋한 정성이 깃든 목장이 아니던가. 선뜻 그 목장을 내놓은 노인이 놀랍고도 존경스럽다.

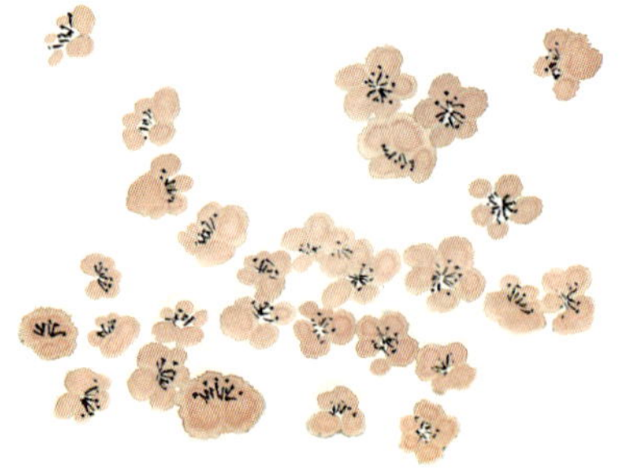

한라산 속 목장은 공해가 없는 곳이다. 그분은 거기서 인부들과 함께 자연에 묻혀 생활해왔다. 본인 자신은 물론 인부들 중에 질환을 갖고 있던 이들이 건강상태가 호전되는 것을 보았다. 자연 치유였다. 폐결핵이나 고혈압 등 만성질환에 목장의 치유능력이 대단하다는 것을 직접 체험한 것이었다. 한라산의 맑은 물과 공기의 조화가 마음뿐만 아니라 몸도 치유하고 있음에랴. 자연에 감사하는 연유가 여기에 있었다.

"밑바닥으로 끌어당겨주던 중력重力조차 감사한 순간이었다."

어느 우주인의 체험담 한마디다. 지구로 귀환한 순간의 그 고백이 절절하게 느껴진다. 숨 쉬는 공기와 마실 물, 그리고 편안히 일하고 쉬는 장소를 내주는 게 바로 자연이다. 그것만도 감사할 일인데 인간의 병까지 치유해주고 있다. 자연은 우리의 요람이요, 일터요, 생명의 원천임이 분명하다. 그럼에도 잊기 십상이다. 자연의 고마움을 느끼지 못하며 살고 있는 우리에게 뭔가 일깨워 주는 듯하다.

K 노인은 가축의 질병을 치료하고 생명을 살리는 분이지 않은가. 남에게 말 못할 일도 많았을 터이다. 생명을 살리는 일은 사랑이 없으면, 생에 대한 애착이 없으면 안 되는 일이다. 끝없는 희생과 봉사정신이 필요하다. 치유하기 힘들 것이라 여겼던 자신의 병도 고쳤으니 그 기쁨이 과연 어땠을까. 자연이 베풀어 주는 사랑에 대한 그 감동이 얼마나 컸을까.

살아가노라면 즐겁고 행복한 일만 있는 게 아니다. 예기치 않은 힘들고 어려운 순간이 닥친다. 비록 곧 쓰러질 것 같은 그런 순간이라도 참고 넘는 과정에서 많은 것을 배운다. 괴로움을 극복하고 나면 삶에 한층 감사하게 되고 성숙해진다.

인생길은 사람마다 다르다. 한 줌의 흙으로 돌아갈 때는 똑같게 마련이다. 다만 다른 게 있다면 어떤 삶을 살다 갈 것인가, 즉 '생을 무엇으로 채우느냐.'일 것이리라.

그 노인은 꿈과 사랑으로 자신의 생명을 채우고 있다. 그 빛이 찬란하고 그 냄새가 향기롭다. 고향바다에 출렁이는 은빛 물결처럼 그분의 선행이 눈부시다. 추사 선생은 의녀 김만덕의 덕행을 찬양해 은광연세恩光衍世*라고 글로 남겼다. 훗날 추사 선생 같은 누군가가 이곳 제주에 온다면 오늘의 이 일을 뭐라 할까.

계절이 바뀌는 길목이다. 바닷물 위로 반짝이는 햇살이 곱다. 걸터앉은 바위를 바람이 부드럽게 넘고 있다. 갯냄새가 상큼하다. 스스럼없이 우리가 받는 자연의 선물이다. 갈매기 울음소리와 파도소리가 까~악 철~썩 가슴을 울린다.

누군가가 지금 내게 묻고 있다.

'자네, 생을 어떻게 살고 있는가. 사랑과 감사로 가슴은 뜨겁게 불타고 있는가.'

---

* 은광연세恩光衍世: 제주에 유배돼 온 추사 김정희(1786~1856) 선생이 조선시대에 전재산을 내놓아 굶주린 제주 백성을 구한 의녀 김만덕(1739~1812)을 기려 쓴 휘호다. 은혜의 빛이 온 세상에 퍼진다는 뜻. 추사가 그녀의 덕행을 찬양해 그 가문의 3대손인 김종주에게 써준 것으로 알려져 있다.

수필, 이 친구야!

벽에 걸린 거울을 슬쩍 쳐다봤다. 주름진 얼굴에다 흰 머리카락이 듬성듬성하다. 윤기 있는 까만 머리가 보일까 기대한 내가 잘못이다. 내 모습이 거울에 가감없이 비친다. 흐르는 세월 앞에서는 서글퍼지게 마련인가.

이럴 때 내게 다가온 친구가 수필이다. 수필은 세월 속에 묻혀 잊어버린 나를 다시 돌아보며 후반의 인생길을 함께 갈 동반자다. 동고동락할 이 벗을 만난 건 행운이요, 철부지 같은 나에게 찾아든 축복이다. 그 인연에 감사하는 마음이 앞선다.

올레길. 햇살에 눈이 부시다. 창공의 하얀 조각구름과 바다의 푸른 물결이 마음 설레게 한다. 파도와 바람은 쏴아 철썩 섬 노래를 연주하고 있다. 오름의 품에 안긴 작은 마을은 여유로움으로 가득하다. 심신이 편안해진다. 행복감이 가슴에 살포시 안겨온다. 자연이 주는 선물이다.

누군가 말했다. 수필은 자연 속의 '나'를 그려내는 문학이라고. 그러나 서로 다른 개성 있는 '나'가 아닌가. 수필은 삶과 사색을 담아내는 그릇이라고도 했다. 관건은 인생과 자연을 관조하면서 얻은 나의 체험과 사색의 조각들을 어떻게 그려내느냐에 달려있다. 무엇보다 진솔하고 순수해야 할 터이다.

수필이라는 친구는 사귀기가 그리 녹록지 않다. 나의 속내를 다 드러내보여야 하는데 그게 부끄럽다. 그렇지만 감출 수도 없다. 또한 감성의 샘물이 마르지 않게, 감각이 무디지 않아야 수필과의 관계를 유지할 수 있으니 참으로 만만치 않다.

너그럽지 못한 나는 '용서와 화해'라는 과제를 풀지 못해 몸부림친다. 고통과 슬픔도 함께 나누고 기쁨과 행복을 줄 수 있어야만 수필친구를 만날 수 있다 한다. 더구나 모진 시련을 겪어도 거짓 없는 마음을 보여주어야 이 녀석이 더 가까이 다가온다니 고민이 이만저만이 아니다.

자연에서 더불어 사는 법을 배운다. 모든 생명체가 서로 의지하고 도우며 살아간다고 하지만 여전히 우리 주위에 힘들어 하는 이가 적지 않다. 우리네 삶 속에 감동과 사랑의 자양분이 부족해서인가. 따뜻한 글, 진솔하고 맛깔스런 글을 쓰고 싶다.

글을 쓰노라면 자연과 인간의 어울림에 경탄을 금치 못한다. 지난 시절을 회상하며 나를 되돌아볼 때면, 고향집에서 어머니와 옛 친구들을 만난 듯이 행복해진다. 때로는 삶의 굴곡에서 야박했던 내 모습이 보여 얼굴이 붉어지기도 한다.

도공이 도자기를 만들기 위해 뜸들이며 다듬고 또 달구는 과정을 떠올린다. 글을 쓴다는 것은 고통 그 자체다. 그래서인지 괜찮은 작품을 건져 올리면 그리 대견하고 기쁠 수가 없다. 하지만 그것도 잠시다. 그것은 나의 만족일 뿐이지 진정 공명共鳴을 불러올 것 같지 않기 때문이다.

책상 앞에 앉아 수필친구를 도닥거리며 속삭여 본다. 아니, 굳은 다짐을 해본다.

"수필, 이 친구야! 소중한 인연과 의리를 저버릴 자네가 아니잖은가. 머리가 희끗한, 자질도 모자라고 배움이 부족한 나지만 앞으로 더 노력하리라는 걸 자넨 알지?"

낯선 산골에서

쏴아~ 쏴아~. 계곡 물소리가 시원하다. 억수처럼 쏟아지는 빗소리 같다. 계곡물이 더위를 쫓아내며 강으로 철철 흘러가고 있다. 지저귀던 새와 매미 소리는 물소리에 젖어 들었는가. 산바람이 계곡을 살짝 스쳐 지나자 더위도 숲 속으로 종적을 감춰버렸다.

섬진강이 내려다보이는 지리산 낯선 산골이다. 산과 계곡은 계절에 맞춰 색다른 멋을 내나 보다. 찾는 이를 반김인가. 더위가 기승부리는 여름이면 더 그러하다.

깊은 산속 울창한 숲 한가운데를 골짜기 따라 맑은 물이 바위를 어루만지며 시원스레 강으로 흐르고 있다. 더위쯤이야 아랑곳하지 않는 여름 산이 넉넉하고 멋스럽다. 계곡을 옆에 낀 산비탈에는 하룻밤 묵을 황톳집도 눈에 띈다. 산골 풍경이 아름답다.

화개장터에서 한참 올라온 산골. 짐을 풀고 창문을 열자 계곡이 코앞에 있다. 고개를 치켜드니 크고 작은 산봉우리가 눈앞으로 다가온다. 산의 맑은 공기와 아름다운 풍광이 빚어내는 신비로운 산세다. 전설 속 신령님도 살았음직하다.

두류산, 방장산이라고도 불리는 이 산은 백두대간이 남쪽으로 달리다 섬진강에 이르러 우뚝 멈춰선 영산이다. 천년고찰인 쌍계사와 칠불사도 있다. 이름난 선사들이 여럿 배출된 곳임을 미루어 짐작할 수 있겠다. 이 산골에서 벗과 둘이 함께하는 오후다.

서산으로 기우는 태양이 반짝거린다. 바위에 앉은 밀짚모자 눌러쓴 나그네는 기척이 없다. 계곡물에 낚시를 드리우고 세월을 낚는지 한가로운 모습이다. 수건을 머리에 두른 아낙은 다슬기를 잡다 말고 나무 아래 바위를 가리키며 우리를 부른다. 주름진 얼굴에서 인생경륜이 느껴지는 그 여인은 바로 황톳집 여주인이잖은가.

그늘진 바위에 앉아 흐르는 물에 발을 담그니 머리까지 차가운 느낌이다. 여름답지 않다. 여인이 분위기를 돋운다. 셋이 술잔을 기울이며 얘기를 나누노라 시간 가는 줄도 모른다. 자연과 어울려 피서를 즐기던 옛 선비들 모습이 이랬을까. 무릉도원이 부러우랴.

"아, 그럼요. 여름철 피서와 편안한 휴식지로야 이곳이 제일 이죠."

여주인은 황톳집이 건강과 휴식에 좋다며 은근슬쩍 자랑이다. 천연재료로 건축했다는데 고향집같이 포근하고 예술적으로 보인다. 남편은 이미 세상을 떠났고, 아들과 이곳에 집을 몇 채 지어 민박경영을 하고 있다 한다. '남을 위하고 나도 사는 길이 뭘까.' 하며 오랜 고민 끝에 한 선택이었다나.

빚에 쫓기는 이웃의 통사정으로 남편이 맡다시피 사두었던 이 계곡 땅에서 처자식이 먹고산다며, 부부교사였다는 그녀 눈에 눈물이 그렁그렁 맺힌다. 떠나가서 돌아오지 않는 임이 오늘따라 그립다는 것이다. 잠시 머무는 길손에게 눈물을 보이는 것을 보면 마음고생이 심했던 것 같다. 가슴이 먹먹해 온다.

산골의 밤은 빨리 온다. 별이 총총한 저녁하늘에 보름달이 밝다. 산들산들 밤바람도 서늘하다. 술잔 넘치는 분위기에 맞춰 즉석 창唱으로 친구가 그녀를 달랜다.

"둥근달도 날이 가면 그믐이요, 초승달은 날이 차면 보름이어라."

달이 차고 기욺을 인생에 비유하고 있다. 그는 젊은 시절엔 늘씬했었는데 나이 오십 줄에 들어서자 몸이 무척 불었다. 벗들이 걱정해도 돌고 도는 세상이니 자기 살도 처음처럼 빠질 거라며 능청을 떨어왔다. 아니나 다를까 요즘은 체중이 줄어 '바지가 운다.'는 친구의 너스레에 여인이 눈물짓다 말고 까르르 웃는다.

"무평불피요無平不陂, 무왕불복이라無往不復."

한 수 더 읊는다. 친구는 고전에서 읽었던 이 구절을 '언덕 없이 평평한 땅이 없고, 가고 돌아오지 않는 것은 없다.'라고 직역

한다. 벗에게 선물하고픈 사자성어四字成語로, ≪주역≫에 나오는 '무왕불복'을 그는 첫째로 꼽고 있다.

바람 타고 계곡 물소리가 요란하다. 저 물은 강으로 바다로 흘러 하늘로 오른다. 그러고는 비가 되어 다시 지상으로 내린다. 바로 자연의 순환원리다.

순환이란, 온 것은 반드시 가지만 온 곳으로 또다시 돌아간다는 의미가 아닌가. 풀과 나무가 그렇고 새와 동물이 그러하다. 씨에서 난 것은 씨로 돌아가고, 알에서 난 것은 알로 돌아간다. 만물은 똑같은 노정을 따라 되돌아가는 게 맞지 싶다.

그는 인간관계가 뛰어난 친구다. 무엇보다 사람과의 관계성을 중시한다. 어쩌면 그의 인생관이 한마디로 '무왕불복'인지도 모르겠다. 그 마음을 살며시 훔쳐본다.

베풀지 않고 돌아오는 것은 하나도 없다. 상대의 입장에 먼저 생각을 둬보라. 베푼 만큼 돌아오는 것이요, 믿음을 주면 결코 실망하지 않는다. 눈물짓는 여인을 달래주듯 남에 대한 배려나 베풂을 우선한다는 것이리라. 나는 무왕불복의 뜻을 왜 이제야 깨닫고 있는가. 달빛 아래 흐르는 물소리에 잠자리에서도 상념이 깊어진다.

가고 다시 돌아오지 않는 것은 없을까. 쏴아~ 쏴아~. 계곡 물소리 들린다.

왜 그리 반했더냐

스웨덴 여행길에 나선 것은 지난여름이었다. 사회보장제도가 잘 되어있다며 온 세상이 부러워하는 나라가 바로 스웨덴이다. 국토는 한반도의 두 배가 넘으나 인구는 천만이 안 된다. 도시에 섬이 흐른다고 할 만큼 여러 섬과 호수와 바다로 이루어졌다.

안개비 내리는 아침, 여객선으로 발트 해를 건너 스톡홀름 항구에 도착했다. 수도 스톡홀름은 크고 작은 14개의 섬으로 이뤄진 도시다. 섬과 섬 사이에 놓인 다리가 아름답다. 옛 도시에 현대식 건축물이 조화를 이뤄 더 멋스럽다. 첫인상이 내 마음을 붙잡는다.

눈길을 옭아매는 궁전 같은 건물은 이 나라 수도의 시 청사다. 담쟁이덩굴이 얽힌 고딕식 외벽 창문에 뾰족탑과 어울린 벽돌건물이 그림 속 작품처럼 낭만적이다. 고풍스런 건물이 안개 낀 멜라렌 호수와 어우러져 묘한 안정감을 준다. 청사 안으로 들어서자 결혼예식장이 눈에 띈다. ㅋ시민이 주인이라는 걸 바로 느낄 수 있다. 금박으로 모자이크한 '황금의 방'은 12월이면 노벨상 수상자를 위한 무도회장으로 쓰이는 곳이다.

누구나 스웨덴 하면 노벨을 떠올린다. 노벨상을 제정한 그는 이곳 출신 발명가다. 1833년 평범한 가정에서 태어난 그는 다이너마이트를 발명해 집안을 유럽 최대의 부호로 만들었고 국위를 떨쳤다. 그럼에도 그의 마음은 슬픔으로 가득 찼다. 사연인즉, 그의 발명품이 새 문명시대 건설에 이바지함은 흐뭇했으나 전쟁에서 살상무기로 쓰임을 참을 수 없었기 때문이다. 하여, 평화에 대한 그의 갈구는 절절했다.

독신으로 살다 숨을 거두기 전, 노벨은 간절한 유언을 남겼다. 자기의 재산으로 해마다 과학의 발달과 세계 평화에 공헌한 사람에게 상을 주라는 것. 희생과 나눔의 자선이요, 인류애의 발로라 하리라. 노벨상을 심사하는 한림원과 노벨박물관도 시내 중심가에 있다. 국적이나 성별에 관계없이 공로자에게 해마다 상이 수여되고 있다.

뛰어난 인물은 높은 이상理想의 소유자이며 그 시대보다 앞선

사람이라 한다. 하지만 그들의 사상이나 포부가 잘 이해되지 않고 알아주는 분이 적어 뼈아픈 외로움을 느꼈을 듯하다. 그중에서도 노벨은 역설의 신화를 이룬 인물이라 하겠다. 고독하면서도 비범하고, 비관적이면서도 이상주의자였다. 전쟁폭탄을 발명했을 뿐만 아니라, 인류역사상 가장 권위 있는 상을 제정한 분이다. 스웨덴이 낳은 세계적인 인물임에 틀림없다.

그뿐만 아니라 세기의 연인 잉그리드버그만, 유엔 사무총장을 역임한 함마슐드, 유명 골퍼 소렌스탐을 비롯해 저명한 인물을 이 나라는 많이 배출해왔다. 게다가 요람에서 무덤까지 일등 복지국가다. 그 원천은 과연 어디에 있을까. 궁금증이 더해간다.

스웨덴의 소도시 칼스타드에서 하룻밤을 묵게 되었다. 강변마을은 호수와 어우러져 그림 같은 전원 풍경을 연출하고 있었다. 이에 반해 숙소인 호텔은 허름한 모습이라 실망스런 마음을 숨길 수 없었다. 한데 그건 잠깐이었다. 호텔 안으로 들어서자 종업원의 친절과 잘 갖춰진 내부시설에 눈이 휘둥그레졌다. 더욱이 저녁식사는 맛이 최고였다. 겉에 비해 속이 이리도 알차다니! 겉모습만 보고 판단하려 했던 내가 부끄러웠다.

스웨덴에선 '겉만 보고 함부로 판단하지 말라.'고 한다. 이곳 사람들이 터부시하며 가장 부끄럽게 생각하는 게 두 가지라 했다. 재산 즉 부富를 많이 가졌음을 과시하는 것이 그 하나요, 학벌이나 지식을 자랑하는 게 다른 하나라는 것이다. 아, 그랬었구나! 그들은 겸손을 최고의 선善으로 삼아 살아오고 있지 않은가. 부와 지식이 밖으로 넘쳐나면 자신과 나라를 망칠 수도 있다는 것. 이 나라 국민의 도덕적 가치관이라고 하랴.

문득 몇 해 전에 돌아가신 김수환 추기경이 떠오른다. 살아 계실 적, 자신이 가르치는 것을 제대로 살지 못하는 '바보'가 자기라고 했다.

"나도 저기서 그냥 평범한 가장家長으로 살면 얼마나 좋을까?"

길을 지나다 굴뚝에서 연기 피어오르는 시골집을 보고 이렇게 말한 분은 다름 아닌 김 추기경이셨다. 국민의 정신적 스승으로서 혼자 참고 이겨내야 할 고독과 삶의 무게가 얼마였을까. 바보라고 스스로 자기를 낮춤이 쉬운 일인가. 모두가 그분을 존경하는 것은 겸손함 때문이지 싶다.

주변을 돌아보면 요즘 겸손을 모르는 사람이 적지 않다. 위선적인 행동과 거짓 권위로 사회에서 존경받으려 한다. 한심스러운 일이다. 얄팍한 재주를 자랑하고 남을 깔보며 언행이 건방지면 상대편의 거부감을 부르게 마련이다. 소통에 역효과다.

남과 나의 진정한 소통은 겸손에서 비롯되는 게 아닐까. 겸손은 남을 받쳐주고 품어준다. 황홀한 빛처럼 사람을 반하게 한다. 무조건 자기를 낮추는 게 아니라 자신을 드러내지 않을 뿐이다. 버리는 것이 아니라 주는 것이요, 잃는 게 아니라 얻는 것이다. 겸손으로 주변을 환하게 밝히는 사람이 많았으면 좋겠다.

화려한 겉보다는 실속 있는 알찬 삶을 사는 사람들, 스웨덴 여행길에서 '겸손'을 만났다. 그들이 존경스럽다. 마음이 그리도 끌린다.

들썩이는 섬

역사의 변화를 예측하기란 쉽지 않다. 1991년 봄, 최초의 한·소 정상회담이 동서냉전으로 큰 피해를 입은 제주 섬에서 열렸다. 탈냉전의 시동을 알리는 신호탄이요, 동서화해의 시대를 연 역사적 사건이라 할 것이다.

회담이 열리는 그날은 유별난 하루였다. 제주의 공항도로와 시내 거리에는 색다른 깃발이 나부꼈다. 붉은 바탕에 낫과 망치가 그려진 소련 국기였다. 몽골의 백년 핍박을 견딘 섬은 4·3때 또 얼마나 많은 아픔과 희생을 겪었던가. 당한 수모 또한 얼마였던가. 과거를 잊은 듯 열린 회담. 지구촌의 이목을 끌며 평화의 섬 제주를 부각시켰다. 그 첫 열매라고나 하랴. 그해 가을 남북한 동시 유엔가입이 이뤄져 세상을 크게 놀라게 했다.

휘몰아친 개혁개방의 자유물결, 공산주의 몰락과 급작스런 소련의 변화는 경악 그 자체였다. 외세의 억압과 변방이라는 홀대 속에 인고의 세월을 묵묵히 지나온 제주 섬이 아니던가. 아, 이런 혼란스러움이라니 하지만 기회였다. 미 · 중 · 일 등 한반도 주변 열강 정상들의 방문이 이어져 평화를 상징하는 섬으로 거듭 부각됐고, 그 씨앗은 십사 년 뒤 '세계 평화의 섬'으로 지정, 선포되는 결실을 맺는다.

이 섬이 또다시 뜨고 있다. 유네스코 자연환경과학 분야의 '트리플 크라운'을 획득해 찬란한 빛을 내고 있다. 생물권보전지역 등록을 시작으로 몇 년 새 세계자연유산 등재와 세계지질공원 인증을 받은 것이다. 삼관왕은 세상에서 지금껏 제주가 유일하다. 어디 그뿐인가. 칠머리당영등굿도 세계무형문화유산으로 등재됐다. 푸른 물결과 하얀 조각구름도 한몫했을까. 누리의 부러운 관심에 섬이 들떠 흥겨워한다.

제주 섬은 돌담길처럼 인간의 삶을 품어준다. 포근하다. 섬의 품에 안기면 평온함과 자연의 신비에 동화됨을 느낀다. 감춰진 진미眞美가 아니겠는가. 인간 삶과 조화를 이루는 빼어난 경관을 지녔다는 찬탄으로 섬이 술렁인다.

세계7대자연경관 후보지에 몇 해 전부터 오른 제주. 화산섬이 통째 하나의 후보지다. 천혜의 자연유산 성산일출봉, 계절 따라

탈바꿈하는 한라산, 땅속에 그물망처럼 펼쳐진 용암동굴, 자연과 사람이 공존하는 올레길, 해안절벽 주상절리는 영겁永劫이 빚어낸 지구촌의 보물이랄까.

사는 동안 누구에게나 황홀한 감격의 순간이 있을 것이다. 나에겐 세계7대자연경관 발표날이 그랬다. 한동안 주관재단의 공신력에 문제가 제기되고 선정 방법과 절차가 도마에 오르기도 했었다. 한데 선정되면 파급효과가 엄청날 것이라는 여론에 파묻혔다. 되레 불을 붙인 셈. 해외동포까지 앞장서 선정투표 동참을 호소하고 있다. 과연 제주 섬이 그 금자탑을 세울 수 있을 것인가. 요 며칠 동안 기대와 설렘으로 나는 밤잠을 설쳐왔다.

운명의 그날은 동트는 새벽부터 가슴이 울렁대기 시작했다. 행사가 여럿 겹친 날. 선정투표 마감 발표하는 날이자 벗들과 올레를 걷는 날이기도 하였다.

올레길 여덟 번째 코스. 바다에 밀려 내려온 용암이 굳으며 절경을 빚은 주상절리와 흐드러지게 핀 억새꽃은 일품이었다. 자연과 어울린 작은 마을은 여유로움이 가득했고, 마을을 품은 오름풍경은 눈길을 붙잡았다. 올레를 걸으며 마감투표도 참여했음은 물론이다.

집에 돌아오자 여느 때처럼 우편함에 먼저 손이 갔다. 종일 나를 기다려온 듯 반기는 엽서 한 장이 잡혔다. 풍류를 즐기는 H 선배가 써 보낸 것이었다.

'오늘은 1자가 여섯이나 겹치는 뜻 깊은 날! 2011년 11월 11일. 백 년 만에 찾아오는 오늘을 맞아 소망 이루도록 당신께 신의 은총이 머무르길.'

뜻밖이었다. 히야, 어찌 이토록 때맞춘 감동의 글인가. 물 건너의 선배가 눈에 어렸다. 삿된 욕망을 버리면 말 한마디 글 한

줄이 사람을 뜨겁게 할 때가 있다. 그분의 편지글이 따스한 물결되어 선정결과를 기다리는 밤새 가슴으로 밀려들었다.

'대한민국 제주도.'

스위스 뉴세븐원더스재단이 발표하는 순간, 온 섬이 흥분과 기쁨으로 휩싸였다. 긴긴 밤 초조하게 기다리던 사람들은 와~, 환호성을 지른다. 7대자연경관에 선정됐다는 열광에 나의 심장도 터질 듯 요동친다. 섬이 활짝 웃는다. 왕관을 쓴 보물섬이 덩실덩실 춤을 춘다. 너나 없이 하나되어 이뤄낸 역사적인 쾌거요, 나라의 경사다.

세계에 우뚝 선 섬 제주, 나라의 브랜드 가치와 품격을 더 높여줄 거라는 기대감이 크다. 관광분야에도 신기원을 여는 전환점을 맞았다며 환영일색이다. 이름에 걸맞은 보물섬으로 거듭나려면 넘어야 할 산이 아직 많다. 어쩔 것인가. 열정과 헌신으로 그랬듯이 마음과 힘을 모아 쌓인 과제를 잘 풀어나가리라 믿는다. 합심合心이 우선 아니겠나.

그날의 환희, 예측 못했었다. 지금도 황홀한 꿈만 같다. 기분이 이리 좋을 수가 없다. 척박한 섬을 피땀으로 지켜온 선조들도 천상에서 흐뭇해하리라.

섬이 들썩이고 있다.

그림자

몇 부부가 오랜만에 모인다. 후배가 마련한 저녁 초대 자리다. 모임 장소에 나가 보니 모두 나와 있다. 약속 시간엔 늦지 않았지만 괜스레 미안한 마음이다. 평소 굼뜬 녀석이라는 말을 듣다시피 오늘도 그 범주에서 벗어나질 못했다. 우리가 참석하면 어색하지 않겠냐면서 주저하는 아내에게 신경이 쓰였는데.

함께 근무했던 옛정 때문일까, 아니면 부부동반이어서 그럴까. 정갈한 음식 맛처럼 선후배 모임 분위기가 꽤 맛깔스럽다. 요즘 아내 눈치 보기 십상인데 퍽 다행이라는 생각이 든다. 젊었을 땐 아내가 그림자처럼 나를 쫓아다녔지만 이제는 정반대이니

어쩌랴.

술이 몇 순배 돌면서 술자리는 한층 더 부드러워졌다. 언제나 그러하듯 세상사 모두가 얘깃거리다. 제 아들딸 자랑에서부터 웃음꽃이 피어난다. 쌓인 스트레스를 훌쩍 날려 보낼 만큼 화기애애하다.

"당신 멋져!"

건배구호가 방안을 흔든다. 때를 놓칠세라 그 후배가 옆에 앉은 자기 아내를 '그림자 같은 여인'이라며 치켜세운다. 정감 있게 말하는 품새가 예사롭지 않다. 요사이 아내를 생각하면 절로 힘과 용기가 솟는다고 했다.

그 후배는 인간관계가 넓고 후덕한 친구다. 맞벌이 부부인데 올봄에 승진발령을 받았다. 금융기관의 꽃이라는 영업점장으로.

주위의 부러움 속에 직장동료들의 축하를 듬뿍 받고 있다. 얼마나 기쁘겠는가. 솔깃하게 술잔에 풀어내는 얘기가 출렁출렁 마음에 와 닿는다.

사연은 이랬다. 그는 남편 뒷바라지에 매달리는 아내가 고맙고 미안해 항상 부담을 갖고 있었다. 승진도 몇 차례나 뒤로 밀려왔었다. 그런 어느 토요일, 본부에 근무하는 고향 선배가 내려와 그를 찾는다고 했다. 평소 존경하는 선배가 아니던가. 마침 쉬는 날이라 마누라가 선뜻 나서 차를 태워다줘 고마웠다. 그분을 만나 일을 끝내고 밖에 나와 보니 아내는 차 속에서 책을 읽고 있었다. '저 여인이 누구냐.'는 그분의 물음에 아내라며 소개했다.

"너무나도 보기 좋네요! 그림자처럼."

선배의 분에 넘친 칭찬에 쑥스러워 그의 얼굴이 붉어졌다. 책을 읽는 여인의 모습은 언제 봐도 아름답다고 했다. 자기 마누라도 처녀시절부터 시간이 나면 책을 읽곤 했는데, 그 모습이 너무나 아름다워 결혼까지 하게 됐다나. 그림자처럼 소리 없이 내조하는 마누라에게 늘 미안하다 했다. 마음에 평안을 안겨주는 마누라는 삶 속에서 남자의 집이요, 본향이라는 것이다. 그러고는 선배도 쑥스러웠는지 살짝 웃었다.

그 후 며칠이 지나자 서울에서 '참 부럽다.'는 동료들의 전화가 쏟아졌다. 잉꼬부부로 소문이 파다하다면서. 승진됐다는 소식도 함께 날아왔다.

그림자 같은 아내라! 그는 선배의 칭찬에 자신을 새삼 돌아보고, 부부 관계를 깊이 깨닫게 됐다는 것이다. 둘이지만 하나처럼 함께하는 둘이요, 동전의 양면처럼 따로 존재할 수 없는 하나인 빛과 그림자라는걸.

"그 그림자, 정말 멋지다!"

맞장구에 어우러진 웃음소리가 왁자지껄해지며 분위기는 점점 무르익었다. 그림자 하면 어둡고 부정적인 이미지를 먼저 떠올리지 않았던가. 선입견에 문제가 있었던 것이다. 아름다운 그림자를 보고 자신을 발견한 이야기에, 황중환님의 그림자 '만평漫評'이 덧대어지며 나도 고개가 끄덕여진다.

그림자는 참 대단하다.
별 볼일 없는 사람 뒤에서 한평생 늘 낮은 자세라니.

빛과 함께하는 그림자. 그의 만평처럼 그림자는 언제나 겸손하다. 빛이 찬란할수록 그림자는 잘 보이지 않는다. 먼저 앞질러 가려고도 하지 않는다. 누가 알아주지 않아도 자기를 낮추고 사는 게 바로 그림자다. 평생을 그리 살지만 불평을 말하지 않는다. 그림자는 빛의 반려자요, 내조자다.

누구나 자기 중심으로만 살다보면 망각의 늪에 빠져 자신을 잘 모르고 살 때가 있다. 자신을 남과 비교하면 자신이 하찮아 보이고 삶이 버거워지며 비참해진다. 어디로 가는지 방향도 모른 채 살아간다. 그럴 때 생각해 보라는 그 그림자. 그림자를 보고 세상을 만나게 되면, 모든 게 새롭게 보이고 삶의 의욕도 강해진다고 한다. 중요한 것은 자신과 주위를 둘러볼 마음의 여유, 비움의 공간을 마련하는 것일 게다.

집으로 돌아오는 밤길, 동녘하늘에 달이 밝다. 바람이 살랑거리자 가로수 그림자가 한들거린다. 달그림자도 봄이다. 움츠려들게 했던 겨울은 간곳없고, 산책객들의 옷에서도 봄 냄새가 물씬 풍겨난다. 젊은 연인들의 그림자 또한 다정해 보인다.

나도 아름다운 그림자를 드리울 수 있을까. 아내가 나를 보고 방긋 웃있다.

2
굴곡진 길

구멍이 숭숭 뚫리고 엉성하게 쌓아 올려진 그림 속의 돌담이 눈길을 끈다. 풍파가 몰아쳐도 말없이 제 몫을 다하는 제주의 돌담이다. 푸르디푸른 농백나무가 돌담 따라 늘어서 있어 거센 바람도 살갑게 끌어안을 듯하다. 마을 안길엔 훈훈한 인정이 감돌아 흐른다. 고향마을의 골목길처럼 구불구불 굴곡진 길이다.

굴곡진 길

일거리를 만들어 볼까 궁리 중이다. 친구와 함께 일한다 생각만 해도 마음이 붕 뜨는 느낌이 든다. 지나온 길을 돌아보며 삶을 즐길 나이인데 매사에 너무 집착하는 건 아닐까. 마음 다스리는 일이 어렵다는 걸 실감하는 요즘이다.

조급함이 문제다. 성격 탓이라 하면 그만일지 모르나, 예전답지 않게 나를 궁지로 빠뜨리는 게 바로 조급증이다. 참 얄밉다. 쪼들리던 어린 시절도 힘든 직장 시절도 다 넘어왔는데, 요사이 내 마음을 알다가도 모르겠다. 아예 마음 한구석에 똬리를 틀고 앉아 버렸나. 일을 그르치고 나서야 후회하는 일이 다반사茶飯事다. 핑계를 늘어놔도 먹혀들지 않으니 곤혹스럽다.

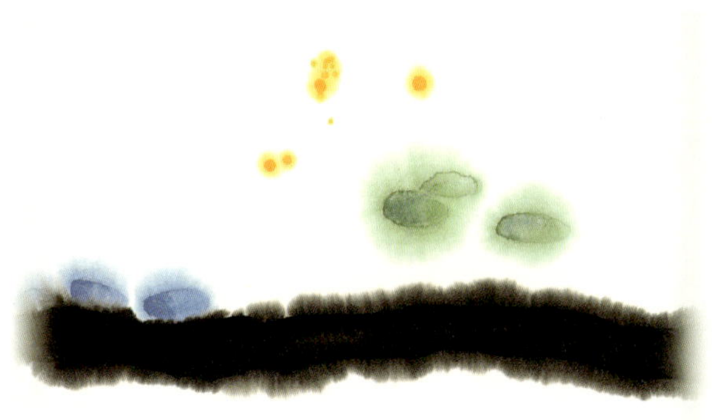

친구와 만나기로 한 날이다. 늦은 아침, 혼자 차를 몰고 평화로를 달리고 있다. 하늘은 구름으로 덮여 있고 도로에는 안개가 자욱하다. 차를 모는데 왠지 불안하고 찜찜하다. 날씨가 주범일까. 출근시간이어서인지 서귀포로 가는 차들로 길이 혼잡하다. 느릿느릿 굴러가니 짜증스럽다. 에라! 당연한 것처럼 흐름을 무시하고 추월차로로 끼어들어 달린다. 행여 늦을까 하는 조급증의 발로다. 약속시간에 꼭 만나야 할 그 친구만이 머릿속에 맴돌 뿐.

그는 정이 많고 마음 따뜻한 녀석이다. 고난을 이겨내 기업가로 자수성가한 그가 왠지 좋다. 흠뻑 빠져 있다. 그와 함께라면 뭐든 할 수 있을 것 같다.

호사다마好事多魔라 했던가. 추월차로를 과속으로 계속 달린 게 화근이었다. 앞차가 돌연 추돌사고를 낸 것이다. 하마터면 내 차도 부딪쳐 큰 사고를 낼 뻔했다.

많은 차들이 추월차로에 한 줄로 멈춰 서고 말았다. 나처럼 성질 급한 사람도 꽤 있나 보다. 주행차로에는 차들이 천천히 가고 있어도 끼어들 수가 없다. 양보를 기대하긴 무리다. 앞뒤가 꽉 막혔으니 한참 기다릴 수밖에.

눈앞이 어둑해진다. 친구와의 만남이 물거품이 되다니! 약속도 못 지키는 우스꽝스런 사람으로 낙인찍히고 만 것이다. 사정을 얘기해 봐야 무슨 의미가 있으랴.

결국 친구와 함께 추진하려던 일은 시작도 못해보고 그르쳐버렸다. 서투른 운전솜씨로 추월차선을 욕심내 달린 게 그리될 줄이야. 조급함의 굴레에 매인 자신 외에 누구를 탓할 것인가. 원망하면 마음만 구겨지고 만다. 주행차선의 흐름을 줄곧 탔더라면 하는 아쉬움을 남긴 채 혼자 아픈 냉가슴을 쓸어야만 했다.

굽이진 길보다 곧은 고속도로에서 사고가 잦다고 한다. 평탄한 대로에서는 과속이나 졸음운전을 하기 십상이라는 것이다. 더구나 과속하게 되는 추월차로에서 대형사고가 빈번하다는 보도다.

자연은 직선이 아니라 곡선을 이루고 있다. 굽이진 강줄기 따라 강물도 자연스레 흐른다. 굽이굽이 돌아 흐르니 물의 유속流速이 억제된다. 흐름이 여유롭다. 자연 속에 사는 우리네 삶의 흐름도 이와 같지 싶다.

인생길을 가다 보면 굴곡진 길이 있는가 하면 평탄한 대로가 있게 마련이다. 굴곡진 길이 사고가 적다는 걸 알면서도 훤하게 트인 큰길만을 고집하기 쉽다. 조급함 때문이다. 혼잣말 하듯 나의 마음을 도닥인다.

'조급해 말거라. 굴곡진 인생길이 느려도 재미있다. 맑은 눈으로 자신을 둘러볼 수도 있고, 삶의 여유도 즐길 수 있을 거야. 흐름을 맞춰야 하지 않겠나.'

그 후 얼마 지난 가을 어느 날, 보잘것없는 내 삶의 글 모음집 출간준비로 작품을 정리하느라 바쁜 하루를 보내고 있었다. 문밖 기척에 나가 보니 우편국 아저씨였다. 배달된 소포를 열어보고 깜짝 놀랐다. 유화油畫가 들어있었는데 풍경화인 '길' 그림이 아닌가. 여류화가인 친구 부인이 축화祝畵로 그려 보낸 마을 안길. 고통을 겪은 후 찾아오는 포근함 같은 정이 스며든 그림이어서 고마움이 더했다.

구멍이 숭숭 뚫리고 엉성하게 쌓아 올려진 그림 속의 돌담이 눈길을 끈다. 풍파가 몰아쳐도 말없이 제 몫을 다하는 제주의 돌담이다. 푸르디푸른 동백나무가 돌담 따라 늘어서 있어 거센 바람도 살갑게 끌어안을 듯하다. 마을 안길엔 훈훈한 인정이 감돌아 흐른다. 고향마을의 골목길처럼 구불구불 굴곡진 길이다.

창밖으로 햇살이 반짝이는 늦가을 오후다. '길' 그림을 보며 상념에 젖는다. 그 길은 내가 걸어온 삶의 길이요, 벗들과 놀던 추억의 길이다. 친구의 얼굴이 스쳐 지난다.

은혜로운 인연

'은혜는 돌에 새겨두라.'는 옛말이 있다. 곧잘 은혜로운 인연을 잊어버릴 수 있기에 나온 말이리라. 돌에 새긴 기록은 비바람 불고 세월이 흘러도 쉽게 지워지지 않을 터이다.

잊었던 인연을 찾아내면 감동과 회한으로 눈시울이 뜨거워진다. 가난을 품어 살던 유년시절은 그리운 인연들이 잠겨있는 추억의 바다다.

그때는 그랬다. 버스통학은 엄두도 못 냈다. 시골에서 등하굣길은 걸어서 한 시간이 보통. 길이 멀다는 생각은 아예 없었다. 벗들과 함께 걸으면 신나고 즐거웠다. 중학교복에 명찰을 달고 다닐 수만 있어도 자랑이던 시절이었다.

자전거 타는 것도 그때 배웠다. 손목시계를 찬 부잣집 친구가 자전거를 학교에 타고 오는 날은 절호의 기회였다. 먼저 배우려 다투기까지 했다. 그런 날 하굣길에 그가 풀빵이라도 사주면 그 맛은 꿀맛이었다. 그네 집엔 저녁마다 동네사람들이 몰려든다며, 라디오 연속극을 듣고 와 자랑하기 일쑤였다. 부러웠다.

어린 가슴에도 꿈과 희망이 잔디처럼 돋아나는 어느 봄날, S 선생님이 '훗날 이루고 싶은 소망이나 꼭 갖고 싶은 것은?'이라는 제목을 주며 느닷없이 써서 제출하라고 했다. 나는 라디오, 시계, 자전거를 갖고 싶다고 써냈는데 어쩐지 얼굴이 붉어졌다. 과제를 제출한 다음날, 선생님이 교무실로 나를 불러 "열심히 공부해라! 바람이 꼭 이뤄질 거다."라며 살갑게 다독여주었다. 불려갈 때는 가슴이 쿵쾅거렸는데, 상이라도 받은 듯 기분이 좋았다.

그 라디오와 시계와 자전거! 당시 시골에서는 부富의 상징이자 문화생활의 척도였지 싶다. 부러워도 아무나 가질 수 없는 그림의 떡이었다. 내가 적어낸 것을 누군가 보았는지 생뚱맞은 소문이 나돌았다. 졸지에 '친구를 시샘하는 학생'이 되고 말았다.

가난이 서러웠다. 치렁치렁 옭아맨 가난의 굴레에서 벗어나는 것이 간절한 소망이고 꿈이었다. 선생님 말씀처럼 열심히 공부하리라 입술을 깨물었다.

요즘 내 아들딸이 "와~! 아빠 대단했다!"라며 슬쩍 놀려대는 일도 그 시절 일어났던 일 때문이다. 어머니의 짐을 덜어주려 하느님이 도우셨을까. 당시 시골에서 시내 인문고에 장학금을 받고 진학하게 되다니. S 선생님은 진학 후에도 학생지도 아르바이트까지 소개해 주셨다. 보잘것없는 내게 정과 사랑을 쏟아 꿈을 키워주신 그 선생님, '착실한 학생'이라는 내 신원보증도 서준 셈이다.

대학시절, 어머니가 홀연 세상을 뜨셨다. 눈앞이 캄캄했다. 전공을 공부하다 말고 취업을 선택하였고, 오일쇼크 불황에도 다행스레 금융기관에 합격하였다. 학교 졸업은 곧 사회의 출발이라 했듯 나는 사회 초년생이었다. 입사入社절차가 그리 까다로울 줄이야. 재정보증인을 세워야 했다. 재산세 오만 원 이상을 납부하는 두 분을 세우라니 내 주위에서 그런 분을 찾기가 어려웠다.

겨우 찾아내도 쉽사리 보증을 서주려 하지 않았다. 책임을 감당키 어렵다고 고개를 설레설레 흔들 뿐. 세상살이 쉬운 게 하나도 없다는 느낌이었다.

입보立保 독촉이 성화 같았다. 며칠 내로 안 되면 직장을 다닐 수 없을 것이라 했다. 도와줄 사람이 없다는 생각에 서글펐다. 고민 끝에 결례를 무릅쓰고 K 교수님 댁을 찾아갔다.

"그러지! 보증수표 같은 자네가 아닌가."

뜻밖이었다. 웃으며 선뜻 재정보증을 서주는 것이었다. 전화까지 걸어 다른 분도 추천해 주셨다. 교수님께 큰절을 올리면서 기쁨과 감사의 눈물을 어찌나 흘렸던지. 당시엔 개인이 사고가 나면 당사자와 보증인은 물론 사무실은 초상집 분위기였다. 법학전공 교수인데 보증 책임을 예상 못할 리 없잖은가. 아끼는 제자라도 보증을 서주긴 쉽지 않았으리라. 직장생활 하는 동안

나는 언제나 긴장했었다.

나는 아직까지 남의 재정보증을 선 일이 없다. 그럴 만한 자격을 못 갖춰서인지는 모르나, 그것을 갖췄다 한들 쉽게 보증을 서줄 수 있을 것 같지 않다. 지금도 그때 일을 생각하면 눈물이 글썽해진다. 교수님은 어느 포근한 봄날 세상을 떠나셨다.

무심한 듯 세월이 흘렀다. 어린 시절의 그 라디오와 시계와 자전거, 은혜를 베풀어주신 스승님, 무탈하게 마친 직장생활. 어느 것 하나 소중하지 않은 것이 없다.

누구나 인연을 맺고 살아간다. 인연은 귀중한 것이다. 어떤 사람을 만나느냐 또 언제 만나느냐에 따라 인생길이 갈린다. 필연이든 우연이든 가벼이 대할 수 없는 연유가 여기에 있다. 그럼에도 인연을 아름답게 가꾸는 사람은 흔하지 않다 한다. 다가온 좋은 인연을 소홀히 대하고선 나중에야 눈물짓기 십상이라는 것이다. 바로 내 모습이 아닐까.

늘 감사하는 삶을 사는 나였으면 좋겠다. 다시 찾아온 봄을 맞는 들꽃처럼.

사내녀석이 울기는

유년 시절, 한여름 손꼽아 기다리는 날이 있었다. 음력 유월 스무날, '닭 잡아먹는 날'이다. 전통풍습이요, 삶의 지혜라 하리라. 무더위에 영양보충과 휴식은 필수였을 것이다.

아버님이 세상을 일찍 뜨신 우리 집엔 어머니가 가장이었다. 어김없이 그날은 우리도 닭 잡아먹는 날이었다. 밭일을 낮 전에 끝내고 집에 와 마당 청소를 하노라면 닭 삶는 냄새가 솔솔 풍겨난다. 뒤돌아보면 풋풋한 가족애가 뒤섞인 눈물의 파노라마다.

별이 총총 돋아나는 초저녁, 마당에 멍석을 깔고 오순도순 모여 앉는다. 어머니는 삶은 닭을 나눠, 먹고픈 닭다리는 내게 순다. 누나들은 고까운 표정을 짓다가도, 남동생이 우선이라는 눈짓에 은근슬쩍 넘어간다. 닭 날개와 몸통은 누나들 몫이다.

"엄마 몫은 없잖아!"라는 큰누나의 풀죽은 소리에 어머니는 "여기 닭죽이 있지 않니." 하며 죽이 더 맛있다고 딴청이다. 누나의 눈물이 방울진다. 어머니의 따스한 눈길에 울컥 목이 멘다. 식구가 여럿이니 남을 리 없다. 삶은 닭은 고작 한 마리였으니.

시골에선 집집마다 닭을 키웠다. 병아리를 초봄부터 돌봐 어미닭으로 키워내야 한다. 그 일은 나의 몫. 아침이면 닭과 병아리를 마당이나 텃밭에 풀어놓는다. 족제비의 좋은 먹잇감이렷다. 어디서 튀어나오는지 녀석은 눈 깜짝할 새 병아리를 낚아채고 사라지기 십상이다. 큰 닭을 해치기도 한다. 울다보면 눈이 퉁퉁 붓곤 했다.

"그래, 됐다. 사내녀석이 울기는……."

밭일을 마치고 온 어머니는 훌쩍이는 나를 도닥였다. 족제비는 쥐도 잡아먹고 좋은 털도 제공해줘 해롭지만은 않은 녀석이라 했다. 새끼도 키우고 온 식구가 먹고살려니 그런 거라며, 덕분에 닭 먹게 됐다고 웃으시던 어머니였다. 허허로운 마음은 웃음 뒤에 감추고서. 한데 잠자리에선 '사내는 강인해야 한다.'며 아들의 여린 마음에 침을 놓았다.

약육강식의 생존법칙을 말함이었을까. 상생의 법칙을 일깨움이었을까. 모든 생명체는 생존경쟁에서 자유로울 수는 없을 터.

용기를 주려함에 무게를 두었을 듯싶다.

엊그제 같은데 세월이 반세기 남짓 흘렀다. 나의 오늘이 있음은 어제가 있었기 때문이 아니랴. 일생을 오롯이 다 바쳐 자식만을 위해 살다 가신 어머님이 거기 내 옆에 계셨다. 눈앞이 흐릿해온다. 참 못났다. 사내녀석이 울기는.

토끼의 행방

녹음 짙은 싱그러운 숲 속을 걷노라니 토끼가 눈에 잡혔다. 뜻밖이었다. 이 숲이나 오름에 토끼가 산다는 얘기를 전혀 들어보지 못했었다.

무성한 자연림으로 덮인 숲길은 산책길로 인기가 높다. 남조순오름 서북쪽인데도 나무들이 울창해 하늘이 좁아 보인다. 가파른 골짜기에는 온갖 새들과 야생동물도 함께 어우러져 산다. 숲길 중간쯤 바다와 시내가 내려다보이는 곳엔 쉼터도 마련돼 있다. 산책객이 정성스레 쌓아놓은 쉼터의 작은 돌탑은 일품이다. 바로 여기서 토끼를 만난 것이다. 언제 봐도 토끼는 친근감이 든다. 더구나 올해가 신묘년 토끼해렷다.

토끼는 예로부터 신비롭고 신성한 동물로 여겨왔다. 연약해 보이지만 설화에서 보면 호랑이 앞에서도 당당하고, 용왕님께도 간 큰 거짓말로 위기를 넘긴다. 힘에 굴복치 않고 살아남는 지혜를 지녔다. 양반이나 지배계급에 대한 민초들의 저항 심리를 토끼를 투사해 표출하기도 한다. 귀엽고 번식력도 강해 다산과 다복의 상징으로 사랑받는 동물이기도 하다.

쉼터 가까이 다가가도 토끼가 도망치지 않는다. 오물거리는 입이 귀여운, 흰 눈처럼 새하얀 녀석이다. 토끼풀이 옆에 있어도 먹지 않고 겁먹은 듯 핏발 선 붉은 눈으로 나를 쳐다본다. 어미와 다 자란 새끼, 크고 작은 집토끼 두 마리다.

가만히 보니 어미가 심상치 않다. 앉은 채 눈만 깜박거리는 게 몸이 많이 아픈가 보다. 작은 토끼가 깡충깡충 주위를 돌며 코로 실룩실룩하다가는 입과 귀로 어미를 계속 애무한다. 병든 부모를 지극정성으로 돌보는 자식 같다. 애처롭다. 답답한 듯 땅바닥을 쿵쿵 치며 뒷발질도 한다. 눈물이 핑 돈다.

"저런, 주인이 아주 못된 사람이네!"

산책객들이 욕을 하면서 지나간다. 주인이 버리고 갔다고? 집에서 키우다 어미토끼가 병이 들자 내다버렸다는 생각에 울컥 분노가 치민다. 처치 곤란한 애물단지가 돼버린 토끼를 몰래 버렸으리라. 길가나 숲에 병들어 내팽개친 애완견이나 고양이를 가끔 보게 되는 요즘이 아닌가. 치료해주기 귀찮으면 애당초 키우지나 말 일이지. 야박스럽고 비정한 세상을 보는 것 같아 마음이 씁쓸하다.

아니, 그렇게만 생각할 것도 아니다. 토끼를 살려보려 여기 본향 같은 숲에 풀어놓지 않았을까. 믿음과 긍정의 힘은 무서운 병도 고친다지 않았나. 인간의 병도 치유해 주는 숲, 자연 속에 놓아 주면 기운을 얻어 회생하리라 믿었을지 모르지. 돌탑에 '병을 고쳐 주십사.' 하고 빌면서 말이다. 야생하는 족제비나 들개 걱정도 했을까. 어미만 버리지 않고, 시중들 자식도 함께 놓고 갔으니 양심 있는 주인인 게지.

혹여 말 못할 사정으로 토끼를 여기 놓아 둔 것은 아닐까. 요새 토끼도 애완동물로 기른다. 그런데 애완동물은 다치면 치료비가 만만찮은 게 현실이다. 숲길에 아픈 토끼를 두면, 착한 사람을 만나거나 관리소에서 거저 치료해주리라 생각했을지도 모른다. 그래 맞다. 살리는 게 우선이지. 형편이 어려우면 그럴 수도 있는 거야. 거기에 생각이 이르자 휴대전화를 급히 꺼내들었다.

"관리사무소죠? 아픈 집토끼가 여기 숲길 쉼터에 있어요. 도와주세요."

내가 할 수 있는 일은 먼저 관리인에게 알리는 것이었다. '잘 알았다.'는 대답을 들으며 발길을 옮겼다. 홀가분한 기분으로.

다음날 궁금해서 남조순오름* 그곳을 찾았다. 작은 토끼가

쉼터 돌탑 주위에서 놀고 있는 게 아닌가. 반가웠다. 한데 한참을 앉아 있어도 어미토끼는 보이지 않는다. 행방이 묘연했다. 관리인이 작은 토끼는 여기 놓아두고 어미만 병원으로 옮겼을 리가 없다.

토끼들이 관리인이 오는 동안에 숲 속으로 숨었었나. 으음, 그가 못 찾았을 수도 있겠다. 그렇다면 오늘 어미는 왜 보이지 않는 걸까. 숲 속에서 쉬고 있는지, 들개의 먹잇감이 되고 말았는지 궁금하다. 〈토끼전〉 속의 지혜로운 토끼를 떠올려본다. 관리인이 올 때까지 기다리지 못했으니 그에게만 책임을 물을 수도 없는 일이다. 어미가 소생하길 바랄 뿐.

이상하게도 눈앞의 작은 토끼는 어제와 달리 무척 당당해 보인다. 소임을 다했다는 듯이 나를 보며 몸을 치켜세운다. 귀를 쫑긋하고 땅을 치며 뒷발질하다 말고 입을 오물거린다. 뭔가 메시지를 전하는 듯하다. 전화만 걸고 그냥 가버린 내게 '인정머리 없는 인간'이라 질타하는 것은 아닐까. 그 꾸지람 속에 '사람의

---

* 남조순오름: 제주시 연동 산 25번지에 위치한 말굽형 굼부리를 가진 해발 297m의 오름이다. 사시사철 자연림이 울창하며, 서북쪽으로 엄청나게 파인 골짜기 어위창도 이곳에 있다. 한라수목원이 인접한 곳이다.

근본과 도리를 잊지 말라.'는 훈계도 담은 것 같아 찝찔하다. 미물인 토끼도 하나를 보면 열을 짐작하나 보다.

그 후 쉼터를 찾았을 때는 작은 토끼도 보이지 않았다. 마음이 허전했다.

형제여, 잊었는가

나그네를 반기듯 햇볕이 따사롭다. 현란한 이스탄불 거리엔 사람들이 물결치고, 도심에 흐르는 바다는 너울로 출렁이고 있다. 터키에서 처음 만난 이스탄불과 보스포러스 해협이다. 아, 어쩌랴! 인류문화의 보물창고인 찬란한 도시와 검푸른 바다의 달콤한 유혹을. 게다가 화사한 4월의 봄날이지 않은가.

보스포러스 유람선을 탔다. 상쾌하고 달뜬 기분이다. 고온건조한 지중해성 기후 덕분일까. 아름다운 항구 '골든혼'과 주변 섬들이 넋을 빼앗는다.

해안 한쪽 언덕 위로 그리스풍 흰색 건물에 빨간 지붕이 고풍스럽다. 휴양지답다. 맞은편은 터키풍의 건물과 모스크 첨탑이 장엄함을 보여주고 있다. 저 멀리 보이는 왕궁, 사원, 전원주택들과 작은 숲이 바다와 어우러져 장관이다. 물결치는 너울처럼 생뚱맞게 내 안에 묘한 울렁임이 인다. 터키의 매력 속으로 풍덩! 빠져든다.

화려한 도시 전체가 세계문화유적지다. 천육백여 년 동안이나 로마제국과 오스만제국의 수도였던 이스탄불! 도시와 자연의 아름다움에 경탄을 금할 수 없다. 동서고금에 여기만 한 곳이 있었던가. 서로 다른 문화와 종교가 뒤섞여 이뤄내는 조화가 경이롭다.

이스탄불은 아시아와 유럽 양 대륙에 걸쳐있는 큰 도시다. 거대한 대륙을 연결하는 가교요, 세계적인 전략요충지다. 이 도시가 더 유명해진 것은 흑해와 마르마라 해를 잇고 유라시아 대륙을 가르는 보스포러스 해협이 있어서다.

이곳에 깃든 신화에 귀가 솔깃해진다. 제우스 신은 부인 헤라 여신의 질투로부터 그의 애인인 '이오'를 구하기 위해, 이오를 소로 변신시켰다. 헤라는 그 사실을 알아내고, 소를 괴롭히기 위해 파리를 보냈다. 이오는 지긋지긋한 파리 떼의 고통에서 벗어나기 위해 해협을 건넜다. 이때부터 이곳은 소의 문門을 뜻하는 '카우 게이트' 즉 보스포러스라 불리기 시작했다 한다. 여기를 지나면 어려운 상황도 잘 풀린다는 뜻일까.

이 해협은 길이도 짧고 폭도 좁다. 하지만 강대국들이 탐내는 가장 중요하고도 복잡한 바다의 하나다. 주변국의 수많은 선박들이 이곳을 운항한다. 그뿐만 아니라 근년에 현수교인 '보스포러스 브리지'의 개통으로 두 대륙의 육로가 연결되어 차량통행도 엄청나다. 현재 세 번째 다리는 한국기업이 맡아 건설 중이라니 자랑스럽기 그지없다.

터키는 너른 땅과 풍부한 자원을 가진 나라다. 영토는 거의 아시아 대륙에 속해 있고 3%만 유럽인데 한반도의 네 배에 가깝다. 긴 세월 숱한 전쟁의 소용돌이를 겪어서인지, 군인의 용맹성이 세계 제일로 정평이 나 있다.

오늘날 이 나라가 중동의 패권국이 된 것은 어디에 연유할까. 지도자의 역량과 국정시책의 성공이 큰 요인이었지 싶다. 무스타파 케말은 개혁과 개방정책을 펼친 초대 대통령이다. 타민족에 대한 '개방과 포용' 정책으로 두루 관용을 베풀고, 종교의 자유를 인정했다. 그뿐만 아니라 터키어를 만들어 나라 기반을 다져 놓았기에 국부國父로 추앙받고 있다.

특히 보스포러스의 문을 활짝 열었다는 게 놀랍다. 자국의 영해이지만, 이 해협을 공해처럼 개방해 통상과 문화교류에 발벗고 나선 것. 나라의 번영과 평화를 위해 바다를 열어 세상을 품었다 하리라. "문화재는 가져왔으나, 거기에 깃든 사상은 다 못 가져왔다."는 그의 말이 의미심장하다. 터키가 힘을 쏟고 있는 관광문화 정책에 기대가 큰 것도 그러한 맥락에서이다.

온 국민들은 국가에 대한 자부심이 대단하다. 세계를 지배한 대제국의 수도가 이스탄불이었음을 뿌듯해하고, 유목민족답게 마음이 넉넉하고 살갑다. 내세를 중히 여기고 현세를 즐긴다. 삶에 아등바등하지 않는다. 만나는 사람이 바뀌면 세상이 달라 보이는 것일까. 마주치는 사람들이 정겹고 따뜻하다.

오스만제국의 후예로서 그들은 명예와 의리를 중히 여긴다. 고구려와 동맹을 맺었던 돌궐, 즉 투르크족의 후손이라는 것을 자랑한다. 한국전쟁에도 참전해 함께 피를 흘린 나라다. 이 세상에서 한국을 '형제의 나라'라고 부르는 나라! 그래서인지 무척이나 우릴 반긴다.

또한 지나치다 할 정도로 축구에 열광한다. 터키가 출전했던 서울의 2002월드컵 4강전을 지금도 잊지 못해 한다. 한국응원단

이 커다란 터키 깃발을 들고 열렬히 응원해줘, "눈물 나게 감동을 먹었다."라며 고마워하고 있다. 그들의 한국사랑은 축구에 열광하듯 유별나다. 우리 교포들이 이 나라를 왜 그리 좋아하는지 알 것 같다.

대륙의 끝은 곧 대륙의 시작이었다. 그 위대한 문명과 역사의 힘에 전율했다. 역사는 이뤄지는 것인가, 아니면 만들어가는 것인가. 터키는 동서로 세력을 뻗쳤던 여러 문명의 중심지였다. 앞으로도 세계평화와 번영에 크게 기여하리라는 확신의 불꽃이 가슴에 활활 타올랐다. 따뜻한 형제의 나라, 터키와의 우의友誼가 영원했으면 좋겠다.

감사하는 마음으로 앙카라 한국공원을 찾았다. 한국참전 기념탑에는 전사자들의 이름이 빼곡하다. 영혼의 울림이 들린다. 아아, 잊었는가! 피로 맺은 형제여!

따스한 손길

"어찌 이리 찾아왔는가! 정말 고마워!"

세월이 흘렀을 뿐 곱게 늙은 얼굴에 다정다감한 목소리다. 미소도 인자하기 그지없다. 나의 두 손을 맞잡은 사모님의 손이 따스하다. 눈물을 글썽인다. 그 옛날의 온정 때문일까. 나도 눈물이 날까 봐 조심스럽다. 머리는 하얗지만 치마를 입고 앉은 우아한 풍모가 예나 다름없다. 보기만 해도 존경심이 절로 우러난다.

주변에서 훌륭한 어른을 만날 때면 마음이 들떠진다. 그런 어른이 여인이라면 더 민감하게 되는 걸까. 한자락 바람에도 흔들리는 나뭇가지처럼 호감이나 정은 느낌으로 즉각 알게 마련이다.

학창시절, 가정형편으로 나는 아르바이트를 했다. 고교 여름 방학 때였다. 서울의 명문 중학교를 다니는 1학년 학생을 맡아 지도하게 되었다. 고향에서의 개인교습이랄까. 그 학생의 부모는 이름난 분들이었다. 아버지는 유명한 사업가요 정치가였고, 어머니는 동네에서도 사모님이라 불릴 만큼 멋스럽고 인품이 뛰어난 여인이었다.

사모님은 남루한 나를 아들 친구처럼 편안하게 대해줬다. 1960년대 초 보릿고개를 넘기도 힘들던 시절인데, 숙식을 제공받으며 그 집에서 함께 기거했다. 나를 '자네'라고 호칭했다. 인생의 폭이 얼마나 풍만하면 그럴까. 사모님의 배려가 가슴에 와닿았다.

"자네, 수고 많이 했네!"

방학이 끝나자 학비에 보태라며, 교습료 말고 봉투를 하나 더 주는 게 아닌가. 생애 처음 받는 봉투, 내 손에 꼭 쥐어주는 사모님의 손이 따뜻했다. 훗날에야 안 일이지만 그분은 독실한 불교 신자였고, 어려운 이웃을 돕는 소문난 자선가이기도 했다.

그 후 사모님은 방학 때마다 나를 불러 주었다. 내 손을 붙잡고 어린 아들을 잘 지도해줘 고맙다는 말도 잊지 않았다. 나를 아끼는 마음에서 어려운 형편을 도와주려 함이 없지 않았으리라. 해마다 여름 겨울 방학 두 달을 그 집에서 학생과 함께 생활했다. 어쩐지 가족 같은 느낌이 들었다. 시간이 있을 때면 어머니처럼 흥미로운 삶의 이야기도 들려줬다.

어느 고승高僧이 맹사성에게 겸손을 일깨워준 '고개를 숙이면 부딪치는 일이 없다.'는 얘기도 그중 하나였다. 사람과의 관계에서는 자기를 낮추면 일이 쉽게 풀린다는 것. 넌지시 일러주는 가르침에 사모님의 따스한 마음이 더해져 나를 몹시 감동시켰다. 인생길을 가는 데에는 좋은 벗이 있어야 한다고 했다. 친구와의 우정 그리고 겸손! 내게 준 귀한 선물이요, 가르침이었다. 부끄럽지 않은 사람이 되겠다고 마음을 굳게 다짐했다. 그때는 감히 엄두도 못 낼 꿈이라도 가슴에 품어 안을 만큼 뜨거운 젊은이였으니.

강산이 바뀔 만큼 세월이 흘렀다. 사모님이 아들네와 산다는 소문이 들렸다. 사노라면 고난은 뜬금없이 찾아들기도 하나 보다. 이미 사장님은 돌아가시고 홀로이니 얼마나 적적하실까. 여태껏 삶에 시달려 여유를 잃고 살아온 내가 보였다. 찾아뵙지 못한 것이 죄송스러웠다. 그러다가 산들바람 부는 어느 날 찾아뵌 것이다.

사모님은 내가 올 줄 알고 기다렸다는 듯 무척이나 반긴다.

"머리가 희끗해졌군! 자네 소식은 주변에서 들어왔네. 친구들은?"

인사드리고 자리에 앉자마자 다정스레 건네는 말씀이다. 한데 이건 숫제 면접시험 같아 곤혹스럽다. 오랜만에 찾아간 내게 '친구들은?' 하고 묻다니! 도대체 이해하기 힘든 물음이 아닌가. 대답 대신 슬쩍 웃음으로 넘겼다. 뜬구름 잡듯 모호한 화법에 어떻게 응답을 해야 하는가. 그 속마음을 나름대로 읽어볼 수밖에.

혹여 이런 질문은 아닐까. 삶에 지쳐 있을 때 힘이 되어준 벗이 누구인지, 방황할 때 위로가 되어준 그 친구들은 지금 어떻게 지내는지? 험한 삶의 길을 지나온 내게 묻고 있다. 사람은 친구를 보면 알 수 있고, 인간관계에서는 겸손이 먼저라 했었다. 아, 이런 것들이 다 속에 감춰져 있었구나, 순간 내세울 벗이 얼른 떠오르지 않는다. 여태껏 나는 어떻게 살아왔는가 하는 반성이 앞선다. 부끄럽다. 상대방의 입장을 이해하고 낮은 자세로 삶을 열심히 살았다면 벗들이 있지 않겠냐는 물음이리라. 어쩌면 이제라도 생을 그리 살라는 재당부이지 싶다.

상처 많은 나무가 아름다운 무늬를 남긴다고 한다. 인생도 상처와 고통을 견딤으로써 아름답게 거듭나는가 보다. 팔순을 넘어 미수米壽를 바라보는 그 모습이 여유롭고 훈훈하다. 끓여주는 향기로운 차 한 잔에도 정이 넘친다. 늦었지만 참 잘 왔다는 생각이다. 향기 머금은 어른의 따스한 정을 가슴속에 깊이 간직한 채 헤어졌다.

사모님은 그 얼마 후 세상을 뜨셨다. 바람 부는 날엔 문득문득 그립다.

얘야, 인동꽃을 보아라

초여름 어느 날. 저녁에 벗들과 소주 한잔 마시고 집에 와보니 멀리서 누나가 와 계셨다. 뜻밖이었다. 칠순은 이미 넘겼고 팔순을 눈앞에 둔 누나다. 가끔 전화로 안부를 묻곤 했는데 예고도 없이 오시다니.

사연인즉 숲이 우거진 동네에 사는 동생이 보고 싶어 왔다는 것이다. 나들이를 좋아하는 누나는 삶의 여유를 만끽하며 인생을 즐기신다. 아들딸 다 잘 키우고 얻어낸 자유랄까. 나와는 연령차가 꽤 있지만, 얼굴 풍경이 말해주듯 예나 지금이나 활달하고 스스럼이 없다. 누나는 여전히 어릴 때처럼 '누나'로 불러주길 원한다. 그래서 누나가 더 좋다.

속내를 털어낸 얘기로 지새운 그 밤은 짧기만 했다. 옛 시절이 얼마나 그리우면 동생을 찾아와서 그럴까. 며칠 머물고 가시라는 권유에 고개 끄덕이며 산책길도 함께 걷겠단다.

늦은 아침, 함께 산책에 나섰다. 숲 속 우거진 소나무 사이로 숨어드는 햇살이 곱다. 살랑살랑 부는 상쾌한 바람에 발걸음이 한층 가벼워진다.

산자락 따라 걷다 얼마 지나 들어선 들길. 무성한 잡초와 들꽃들이 나들이객을 유혹한다. 꽃향기가 온몸을 휘감는다. 돌담에 기어오른 가시넝쿨엔 찔레꽃이 눈꽃처럼 덮여있고, 가장자리에는 덩굴을 타고 핀 인동초가 눈길을 끈다. 누나 눈동자가 반짝거린다.

나 보란 듯 꽃을 활짝 피워낸 인동초다. 놀랍게도 이 꽃은 '헌신적인 사랑'이란 꽃말이 붙어있다. 해독, 해열 등 여러 질병치료에 약재로 많이 쓰이는 덩굴식물이다. 꽃잎뿐만 아니라 줄기나 잎도 달여 마신다.

"동생아, 이 꽃 알지? 어린 시절이 기억나니?"

"그럼요, 그 꽃을 함께 땄었죠."

꽃 핀 돌담 길옆에 둘이 나란히 앉았다. 소꿉친구 만난 듯이 인동꽃을 반기는 누나의 눈빛. 어린애처럼 글썽이는 눈물을 손으로 훔친다. 덩달아 나도 목울대가 뜨거워진다.

어릴 적에 나는 몸이 허약해 가족들의 속을 많이 태웠다. 아기 때는 줄곧 누나 등에 업혀 자랐다. 초등학교 가서도 감기를 달고 살았다. 시골 중산간마을에서 학교까지는 꽤 먼 길이어서 마중 온 누나 손 잡고 오가길 밥 먹듯 했으니 오죽이나 힘들었겠는가.

길가에는 이른 여름부터 인동꽃이 만발했다. 꽃향기 또한 그만이었다. 어머니가 기특하게 여길 만큼 누나는 그 꽃을 좋아했다. 풀꽃의 끈질긴 생명력을 느꼈을까. 하굣길에 둘이 함께 꽃을 따다가 말려 약초로도 팔곤 했다. 그럴 때마다 용돈이 두둑해져 좋았다.

어느 날, 누나가 팔짝팔짝 뛰면서 집에 왔다. 어디서 듣고 왔는지 인동초가 감기에 특효약이라는 것이었다. 어머니가 "그럼, 약으로 써보자."라고 하셨다. 그로부터는 그 꽃을 따 말려 감기 약초로 썼다. 한동안 달여 마시자 감기란 놈이 내게서 어디론가 행방을 감춰버렸다. 날아갈 듯했던 기분과 그 기쁨, 지금도 생생하다.

한데 한치 앞을 모르는 게 세상일이다. 몇 년 사이에 아버지가 돌아가시고 얼마 안 되어 어머니도 세상을 뜨시고 말았다. 의지할 곳 없는 어린 여동생과 나는 눈앞이 캄캄해 왔다.

그때 선뜻 '친정동생 둘을 다 떠맡겠다.'고 나선 게 시집간 그 누나였다. 피붙이라는 혈육의 정 때문이었을까. 아니면 측은지심의 발로였을까. 매형도 흔쾌히 팔 벌려 감싸줬다. 세끼 먹기도 힘든 시절이었으니 주변에 깔린 불안의 먹구름을 예측이나 할 수 있었으랴.

때라도 맞춘 듯 누나는 아들 쌍둥이를 낳았다. 농사일을 하며 근근이 살아오면서 쌍둥이를 키우는 모습은 엄마도 울고 아이도 울어 정말 눈물겨웠다. 두 아이를 품어 안아 젖을 물리면서 한숨을 쉬곤 했다. 쓰러질 것 같았지만 하소연할 곳은 어디에도 찾아볼 수 없는 형편이었다. 그런데 언제부터인지 한숨과 눈물짓는 그 안타까운 사태는 보이지 않았다.

"얘야, 울지 마라! 인동꽃을 보아라."

꿈속 들길에서 만난 어머니가 울고 있는 누나를 달래준 말이었다. 이 한마디가 용기를 주었다고 훗날에야 들려줬다. 오호라,

그래서 그랬었구나. 유신시절 서른 살 젊은 나이에 직장에서 잘린 나를 보고, 누나는 "얘야, 인동꽃을 보아라!" 하며 눈물로 위로했었지.

가녀린 덩굴에 달린 인동꽃이 오늘따라 더 곱다. 눈보라치는 북풍한설에도 푸른빛을 잃지 않고 꿋꿋이 고통을 견뎌내는 인동 덩굴. 가녀린 덩굴이 말라죽지 않아 더 관심을 끈다. 산야와 계곡, 양지바른 인근 어디에서나 볼 수 있다. 나약해 보여도 겨울을 이겨낸다고 해서 인동초忍冬草라 이름 붙여진 꽃. 혹한을 참아내서인지 꽃 내음이 퍽 향기롭다.

하얀 꽃이 하루 이틀이면 점차 노랗게 되니 금은화라고도 불

린다. 흰 꽃이 노랗게 변하는 것은 벌 나비에게 옆의 '다른 하얀 꽃'을 찾으라는 신호. 수정受精을 끝냈다는 뜻이렷다. 꽃의 변색이 참으로 놀랍다. 언니꽃이 같은 뿌리와 덩굴에서 나고 자란 동생꽃을 위한 배려가 아닌가. 헌신적인 사랑이 속에 자리 잡고 있어야만 가능할 터다. 자연의 울림에 공감하지 않을 수 없다.

이제 보니 누나가 인동초를 닮았다. 시집살이에다 친정동생들까지 떠맡아 살았으니, 짓누르는 삶의 무게가 얼마였으리. 포기할 수 없다며 연약한 생명의 끈 부여잡고 견딘 인내와 끈기 그리고 사랑. 주어진 운명 앞에서 자기희생으로 일궈낸 보람이 당신의 오늘 아닐까. 오, 인동꽃 핀 길가에 앉은 누나 얼굴에 번져가는 저 온화한 미소!

누나의 삶과 사랑이 꽃바람 타고 향기를 풍긴다. 길가에 핀 인동꽃처럼.

그 한마디

"그래, 거기 나가는 게 좋을걸."

바닷바람이 살갑게 속살거리는 듯했다. 상념에 잠긴 채 탑동 해변을 걷는 나의 고개도 그 속살거림에 끄덕거리고 있었다. 문학 강좌 초청에 '나이가 들었는데 어쩌나.' 하며 고민하다 유혹에 넘어가듯 큰 마음을 먹고 말았다.

직장을 퇴직한 지 몇 달 지난 어느 날이었다. 그 문학 강의 모임에 참석했다. 수강하는 사람들이 몇 명 안 되는 소그룹이었다. 내가 제일 연장자였다. 좀 쑥스럽긴 하여도 예상했던 터라 견딜만했다. 시詩 공부로 첫 시간이 시작되었다. 굳이 얘기한다면 나의 문학수업은 이때부터라고 할까. 시간이 지나면서 짐차

분위기에 익숙해져갔다.

문학 강의를 맡았던 그 시인은 고교시절의 같은 반 단짝이요, 인간미 있는 친구다. 학창시절, 문예반 활동을 했지만 글쓰기를 잘해서라거나 욕심이 있어서도 아니었다. 문학서적을 읽고 얘기하는 가까운 벗들과 어울리는 게 그저 좋았을 뿐. 그 친구는 문예반원으로 시와 문학에 깊은 관심과 조예를 갖고 있었다. 대학시절에도 나의 전공은 문학과는 거리가 멀었다. 도서관을 드나들며 책을 읽는 게 고작이었으니.

졸업하자마자 취직을 하였다. 발령받고 처음에 시군조합 지도부서에 근무하게 되었는데, 언론홍보까지도 내가 맡았다. 웃어른인 직장장이 참석하는 관내 회원조합의 각종 행사에도 따라다녔다. 행사 때면 웃어른은 격려사나 축사를 하곤 했다. 항상 누가 격려사나 축사를 쓰는 것을 맡을 것이냐가 문제인데 그때까지 우리 팀에서 써왔다며 초년생인 내게 맡기는 게 아닌가. 사양해도 어쩔 수 없었다. 눈앞이 깜깜했다. 글재주도 없는 초보이니 이를 어쩌랴. 선배들이 썼던 글들을 찾아 흉내를 낼 수밖에.

"오 주임, 제법인데!"

나를 보며 '누가 썼느냐.'고 묻고 나서 던진 직장장의 한마디였다. 첫 작품인 격려사가 통과된 것이다. 긴장했던 내 얼굴은 순간 홍당무로 변했다. 최종본은 최고책임자가 직접 고치는 게 다반사이다시피 했단다. 이것도 글이냐고 흉볼까봐 얼마나 가슴을 콩닥거렸던가. 웃어른에게 인정받은 것 같아 기쁘기 그지없었다.

윗사람의 칭찬 한마디는 일에 열정을 쏟게 한다. 신문을 스크랩하고 자료를 모으면서 글쓰는 데에 골몰했다. 직장장의 입장에서 그분다운 글을 쓰려 애썼다. 글을 잘 쓰는 사람이 부러웠다. 글을 잘 쓰고 싶은 욕심이 마음속에 싹트기 시작한 걸까. 간혹 칭찬을 들을 때도 있었지만 만족스럽지 못한 경우도 허다했다.

글쓰기 위한 삼다법三多法은 많이 읽고, 많이 쓰고, 많이 생각하라는 것이 아닌가. 피눈물 나는 노력 없이 글을 썼으니 낯부끄러운 일이다. 글은 물 흐르듯 거침없어야 하는데, 문장의 구성이나 표현에 부족함이 허다했다. 그러니 그동안의 글은 문학적인 작품이라 할 수도 없었다.

나의 문학수업은 퇴직한 후 찾아간 그 모임에서부터 시작된 셈이다. 시인인 그 친구는 시를 주로 강의했다. '정감 어린 글을 쓰려면 시를 감상할 수 있어야 한다. 문학을 통해 인생체험이나 현상을 작품화하여 독자를 울리는 감동, 영혼을 촉촉이 적시는 울림 같은 그 무엇을 줄 수 있기 위해서는 짜임새 있는 구성, 형상화한 언어, 흥미 있고 박진감 넘치는 묘사가 필요하다. 추억의 바다에서 건져 올린 풋풋한 삶의 이야기는 훌륭한 글감이다. 좋은 작품은 독자를 행복하게 한다.'

그날 강의는 목말라하는 내게 시원한 냉수 한 사발 같았다.

매주 수요일이 기다려졌다. 글쓰기의 시작은 '무조건 쓰라.'는 것이었다. 처음엔 시 감상문, 수필 독후감 등을, 나중엔 소재나 주제를 줘 글을 써오도록 했다.

"아, 이거 괜찮은데!"

칭찬 한마디가 강한 자극제가 되었다. 표현하는 언어나 글귀 하나에도 고뇌하게 되었다. 글쓰기의 어려움을 실감하면서도 흥미는 더해 갔다.

얼마 후, 수필 등단 소식에 더럭 겁이 났다. 모자람이 많은 내가 수필 신인상을 받을 줄이야! '내가 할 수 있을까.'라는 걱정과 '작가들을 욕되게 하지 않을까.' 하는 두려움이 앞섰다. 내 글에서 감칠맛 나는 언어의 손맛을 느낄 수 없어서다. 글벗이 등단 축하로 선물한 '수필창작론'을 보며 시나브로 눈이 뜨여갔다.

수필과의 인연에 기쁘고 감사하는 마음이다. 자질의 모자람을 노력으로 때울 수 있다면 얼마나 좋으랴. 자연의 소리를 들으려 바다와 산과 들을 찾는다. 이론서나 좋은 수필을 탐독한다. 정확한 어휘를 사용해 간결하게 쓰려 애쓴다. 퇴고에 퇴고를 거듭한다. 재미를 붙이려 하나씩 배우며 조금씩 익혀 나가고 있다.

나의 문학수업은 진행 중이다. 수필을 사랑하고 있는 것인가. 바람이 나긋이 속삭인다. 아직 멀었으니 조급하게 서두르지는 말라고.

안개 속을 헤매다

만세동산에 올랐다. 산은 대자연이 빚어내는 진풍경을 보고 사는가. 저 멀리 내려다보이는 도시는 안개구름 바다다. 해무海霧가 솜이불처럼 시내를 덮고 있다. 바람 없는 맑은 날씨에 그 위로 펼쳐진 파아란 하늘은 신비감을 더 자아낸다. 몽환적인 풍경이요, 한 폭의 그림이다. 놓치고 싶지 않은 신비로운 안개구름. 바라만 봐도 마음이 편안해진다. 낮에 한라산에서 저런 안개바다를 본다는 것은 행운이다.

안개는 바람이 불지 않고 일교차가 심한 이른 아침에 나타난다. 한데 뜬금없이 여름철 대낮에 찾아드는 게 바다안개인 해무다. 장마철인 오뉴월에 흔하다. 비가 그친 오후 바닷가 쪽에서부터 숭얼숭얼 피어올라 시내로 깔린다.

변화무쌍한 게 안개다. 더없이 아름답고 환상적인 안개가 인간의 정서와도 어떤 연緣을 맺고 있는 걸까. 방향이나 길을 못 찾아 헤매게 하는 주범이되, 드러내고 싶지 않은 부끄러운 것들을 덮어주기도 하고 초라한 이를 감싸주기도 한다. 내게도 그랬다. 세월의 물살에 가뭇없이 휩쓸려 숨죽인 듯 갇혔던 옛 추억들이 산길에서 내 위로 쏟아진다. 안개 속에서 허우적거리던 내가 보인다.

직장의 중견간부였던 내 나이 40대 초반 때였다. 뜻밖에 일선 시군 지부에서 이동발령을 받고, 도 본부 관리부서 책임자로 부임하자 돌연 우울증이 찾아들었다. 발령을 받고 다소 들떴었는데 막중한 책무와 주변의 기대감이 버거워서였을까. 아니면 상사의 신뢰를 잃을 만큼 우유부단하고 활달치 못한 내 성격 탓이었을까. 사업추진 스타일이나 상황인식이 서로 비슷해야 하는데, 종종 엇박자를 치곤 했다. 업무는 실타래처럼 뒤엉키기 십상이었고, 상사는 이를 예상치 못한 듯 당혹한 기색이 역력했다.

걷잡을 수 없는 엉뚱한 일을 벌일지도 모를 만큼 우울증은 점점 심해졌다. 안개 속을 헤매듯 갈팡질팡했다. 다 귀찮다는 생각뿐, 일에 의욕을 잃어갔다. 어딘가에 갇혀 있는 것 같아 몸과 마음이 무거웠다. 몸서리치는 고독에 하루가 다르게 말수도 줄어들었다. 육신의 짓눌림으로 오는 허리 통증은 걷기도 버거울

정도였다.

"아, 이런! 상태가 좀 심각하군. 먼저 주변 환경부터 바꿔야 해요."

전문의사와 상담을 하니 고개를 갸우뚱거렸다. 원하는 것을 갖게 된 후 그것이 자신을 만족시켜주는 것이 아니라는 것을 알게 된다면, 애당초 얻지 못한 것보다 더 나빠질 수 있다고 했다. 나의 욕심이나 공명심이 그리 컸단 말인가. 이동 후 6개월도 안 된 때였다. 예상 밖의 도중하차. 자의로 사표를 쓴 것은 입사 후 이십 년 만에 처음이었다. 내 인생길이 이렇게 꼬이다니! 사무실을 나서니 안개가 자욱했다. 길을 찾지 못해 흔들거리는 나를 바다안개가 감싸 안으며 가엾다고 어루만져주는 듯했다.

며칠 지난 어느 날, 직장 동료가 느닷없이 찾아왔다. 제출한 사표가 반려되고, 일선 사무실로 발령 난 사실을 알려주는 게 아닌가. 무능력자라는 자괴감이 온몸을 흔들었다. 인사시기도 아닌 후덥지근한 장마철, 길을 헤매다 구덩이에 빠져서 나오지도 못하고 발가벗겨진 것 같았다. 숨고 싶은 마음뿐, 꿈속을 가듯 탑동 바닷가를 걸었다. 그날도 메마른 영혼을 위로해주려 안개를 뿌려놓은 듯, 짙은 해무가 깔려 있었다.

생각만 해도 염치없는 일이었다. 내가 밉고 한스러웠다. 우울증은 자신을 위한 삶이 무엇인지 진지하게 고민해 보라는 절박한 메시지였지 싶다. 길을 잃고 안개 속을 헤매는, 우직하게 일에 매달려온 볼품없는 나의 초상肖像이 보였다.

드디어 새 출발! 주말이면 혼자 산행에 나섰다. 그러다 보니 산행이 즐거웠고 좋아졌다. 삶에 대한 희망과 의욕이 서서히 솟구쳐 올랐다. 복잡한 생각과 감정을 비우게 했다. 산은 나를 도닥이며 품어주었다. 산허리를 금실금실 감돌며 낭만적인 분위기를 자아내는 안개! 가끔씩 운무雲霧에 휩싸이는 산은 그야말로 멋지고 아름다웠다. 자연 속에 푹 빠져들었다. 우울증도 어디론가 자취를 감춰버렸다.

우울증은 걱정과 두려움을 먹고 산다는 것을 체험했다. 욕심이 많으면 결과를 두려워하게 되고, 두려움은 또한 피로와 외로움을 몰고 왔다. 우울증에서 벗어나기 위해서는 휴식과 좋은 벗이 필요했다. 과욕을 버리고 영혼의 힘을 키우는 건

우선. 안개 자욱한 산과 바다, 대자연은 내게 휴식을 선물하고 영혼을 달래주는 인생길의 벗이었다.

몇 해가 지나 또다시 도 본부로 발령이 났다. 자존심을 찾을 기회를 준 것이다. '마지막 기회다.'라는 각오로 업무에 임했다. 길을 잘못 걸었던 경험이었지만, 흐름을 알고 차분해져 일이 차츰 수월하게 풀려나갔다. 마음이 한결 가뿟해졌다.

앞길이 어렴풋했던 그때가 이제 그립다. 나를 감싸준 일선 선배의 포용, 다시 기회를 준 상사의 배려, 힘내라고 도와준 동료들의 위로와 격려를 잊을 수 없다. 이 모든 인연에 감사할 뿐이다. 그분들은 나의 의지할 기둥이요, 견뎌낼 힘이었다. 방황하던 못난이를 붙들고 힘과 용기를 실어주려니 얼마나 힘들었으랴.

내려오는 산길. 자욱한 운무가 나를 휘감는다. 안개야, 너도 정말 고마웠어!

울릉도야, 갈매기야!

"아유, 멋지게도 앉는군. 저것 좀 봐!"

섬이 가까워지고 있다. 갈매기 노니는 여름바다의 진풍경을 바라보는 사람들이 입을 다물지 못한다. 바닷물에 사뿐히 내려앉는 모습이 우아하다. 울릉도 도동항으로 들어서는 뱃고동 소리에, 갈매기들이 놀다 말고 너울너울 춤추며 여객선 주위로 몰려온다. 멍하니 넋이 나갈 정도다. 찾아오는 손님과 눈빛이라도 마주치려 함인가.

기대와 설렘을 동반한 초행길이다. 갈매기들의 춤사위로 뱃멀미와 피곤함은 간곳없다. 섬이 갈매기를 보내어 포근함을 선사하며 방문객을 반갑게 마중하는 듯하다. 울릉도와의 첫 인사는

항 포구에서부터 감동적이다.

도동항은 이 섬의 관문이요, 천혜의 자연조건을 갖춘 항구다. 커 보이지 않으면서도 넉넉하고 아늑한 느낌을 준다. 바다 위를 누비며 양안兩岸을 넘나드는 갈매기와 둘러쳐진 절벽이 항구의 풍경을 한층 돋보이게 하고 있다. 여행객과 섬사람들로 활기가 넘친다.

섬 육로관광에 나섰다. 울창한 원시림에 여기저기 불끈 치솟은 암벽이 바다와 어우러져 천혜의 비경을 연출한다. 때가 묻지 않은 축복받은 땅이다. 태고의 신비, 자연의 순수함이 인간의 영혼을 맑게 하고 있다. 신이 아니고서야 이렇게 잘 빚어낼 수 있을까.

해안도로로 따라 가노라니 산과 바위와 쪽빛 바다가 어울린 절경이 눈길을 붙잡는다. 갈매기 나는 바다 위로 솟은 거대한 바위에 구멍 난, 코끼리바위 공암이 눈앞에 우뚝하다. 기암괴석들 형상이 다채롭고 경이롭다. 하늘을 찌를 듯한 송곳봉의 기세 또한 대단하다.

최고봉인 성인봉이 섬 한가운데 우뚝하다. 숲 속의 고갯길을 오르니 나리분지, 약간 너른 평지에 전통가옥인 투막집과 야영장도 시선을 끈다. 언뜻 보아 고향집을 옮겨놓은 듯하다. 어머니의 품속 같은 분지의 포근함을 느끼며 숙소로 길을 되돌린다.

별빛이 초롱초롱한 밤을 어찌 그대로 보낼 수 있는가. 해안 산책로를 걷고 있다. 고깃배와 항 포구의 불빛이 비추는 야경이 분위기를 돋운다. 횟감을 파는 아줌마들의 권유를 뿌리칠 수는 없는 일이지. 투박하지만 바다처럼 깊은 속을 간직한 섬사람들과 어울린 밤, 오징어 맛에 빠져 마신 술에 잠 못 이룬다. 울릉도의 여름 밤은 짧고도 짧다.

열린 창문으로 아침바람이 설친다. 반짝이는 햇살을 보려 함이 욕심이었나 보다. 섬 날씨가 이리도 변덕스러울까. 바다관광이 내심 염려스러웠는데, 해상관광에는 지장 없다는 소식에 입맛이 돈다.

비옷을 스치는 바람이 제법 세다. 빗방울이 뿌려지며 바다가 거칠게 출렁인다. 해안절벽에 부딪혀 하얗게 부서지는 파도가 볼 만하다. 분위기에 뒤질세라 갈매기들이 출현한다. 항구를 나선 유람선을 무리지어 뒤따르고 있다.

승객 모두가 녀석들을 반기고 있다. 손에 잡힐 듯 가까이 쫓아온다. 두려워하거나 흐트러짐이 없다. 새우깡 먹이를 공중에 던지자 밑으로 떨어지기 전에 잽싸게 낚아챈다. 하늘에서 공중곡예도 펼치며 우릴 기쁘게 한다. 새하얀 깃털에 노랗고 붉은 주둥이와 반짝이는 눈망울을 가진 귀엽고 고운 새다. 시선이 마주치자 반갑다고 인사하는 것 같다. 감성의 멋진 터치다. 어제 만났던 그 갈매기일까.

배가 속도를 내자 그에 맞춰 끈질기게 따라온다. 갈매기가 동행자요, 배를 호위하는 지킴이다. 거친 바닷길에 걱정스런 얼굴들이 보여서일까. '새가 날면 날씨가 좋아진다.'는 말대로 주인이 안심하시라고 보낸 것 같다. 강인함과 끈기를 자랑하는 녀석들의 등장으로 날씨에 아랑곳없이 바다관광을 한껏 즐긴 하루다.

다음날, 국토의 동쪽 끝인 독도 관광에도 갈매기가 도우미다. 어김없이 우릴 맞아주고 동행하며 안내까지 맡아준다. 자유로운 날갯짓으로 파란 하늘을 비행하는 새들이 장관을 이루고 있다. 갈매기 없는 신비의 섬은 상상할 수조차 없다. 바다너울이 심해 배가 섬에 접안 못했지만, 갈매기 날아드는 독도의 바다여행을 어찌 잊으랴.

감성을 쌈박 울려주는 것은 '먼저 하는 서비스'가 아닐까. 쉽게 감동을 받기는 최초의 만남에서요, 첫인상에서다. 첫 단추를 잘못 끼우면 모든 게 꼬인다는 말이 있다. 여행길에서 마중이나 인사는 그 첫 단추요, 열쇠다. 이번에 그걸 맡아준 게 갈매기였지 싶다.

더욱 놀랍게 느껴진 것은 '세심한 배려'다. 궂은 날씨에 불안해하던 여행객들이 갈매기의 출현으로 안심하고 하루를 즐겼다. 사소한 것 같아도 상대의 입장에 서서 돌아보고, 그 욕구를 채워준다면 감동하게 마련이다. 몸으로 가슴으로 느끼는 고객감동이 사업의 성패를 좌우한다고 한다. 왜 아니겠는가. 서비스는 사후보다 사전이 더 중요하다는 걸 새롭게 느낀 뜻있는 여행이었다.

푸른 바다에 하얀 파도, 갈매기 나는 울릉도. 그곳에 다시 가고 싶다.

3

그 손짓에 마음이 머물고

신비로운 생명이 저마다의 소리와 빛깔로 살아 꿈틀대고 있는 숲 속. 산수국 꽃잎에도 햇살이 반짝거리고 있다. 뿜어내는 초목의 향기와 맑은 공기가 오장으로 깊숙이 스민다. 살랑대는 바람결에 헛꽃이 손짓하고 있다. 그 손짓에 마음이 머문다.

산뜻한 출발

"엄동설한에도 어김없이 꽃을 피워냈군요!"

여인네들이 얼음 밑으로 흐르는 물처럼 도란거린다. 봄을 찬양하는 꽃향기가 여심女心을 사로잡는가 보다. 입춘 한파 속에 한아름 핀 매화꽃을 맞는 얼굴에는 벌써 봄이다. 사계四季의 시작이 아닌가. 매화꽃이 만개하면 풍년이 든다는데.

해마다 이맘때면 아련히 떠오르는 추억이 있다. 입춘이 가까워 오는 그날은 스물일곱 살 총각인 내가 어렵사리 장가가는 날이었다. 예식장에서 주례선생님이 하신 말씀은 아직도 내 마음속에 생생하게 살아있다. 인생 새 출발의 선물이라고나 할까.

당시 나는 혼자 결혼 준비하느라 바빴다. 정성을 쏟았지만 주례

구하기는 쉽지 않았다. 삼고초려하다시피 하여 평소 마음에 두었던 직장의 웃어른을 모시게 되었다. 주변에선 나를 행운아라고 했다. 그분은 오랫동안 직장의 장長으로 계시면서도 '주례는 아무나 서는 게 아니다.'라며 사양해오다 처음 승낙했기 때문이다.

결혼식장은 작지만 분위기는 그만이었다. 축하분위기에 신랑이 들떠있는 것처럼 보였을까. 주례선생님은 추위 속에서도 꽃을 피워 향기를 퍼뜨리는 매화꽃 얘기로 분위기를 차분하게 가라앉혔다. 그러고는 짧게 한마디하고 마치셨다. 우레와 같은 박수가 장내를 흔들었다. 예나 지금이나 간결해야 환영받나 보다.

"사람의 말을 믿어라. 인생길에 믿음이 깔려있어야 한다."

주례사는 믿을 신信, 즉 '믿음'이라는 한마디였다. 그때는 '왜 이 한마디일까.' 하는 생각이었다. 사람 인人변에 말씀 언言으로 구성

된 글자다. 사랑하는 부부간에도 믿음은 먼저 주어야 돌아온다고 한다. 지금은 세상을 떠났어도, 그 어르신을 잊을 수가 없다.

지난 1월 어느 날이었다, 그 어르신이 직장의 장으로 계실 적에 '업무처리가 깔끔하다.'며 총애를 받았던 K가 직장을 곧 그만둔다는 소식을 접했다. 기대가 컸는데 돌연 퇴직이라니! 다른 분이 아닌 그 친구라니 더 안타깝다.

K는 동고동락한 나의 직장후배다. 내 재직 삼십여 년 동안에 절반 넘게 같은 점포에서 함께 근무를 했다. 곤경에 처할 때마다 구원투수처럼 나타나 도움을 준 후배요 가까운 친구다. 조금이라도 남에게 마음 빚을 졌다 생각하면 꼭 실행하는 그 의리의 가상함이야 어찌 말로 다하랴. 내가 힘들어 사표를 냈을 때도

일을 수습하려고 애면글면 애썼던 친구, 보잘것없는 내게 한없는 신뢰와 정을 주었던 그가 아닌가.

자신에 대한 엄격함이 직장의 어른이셨던 그분을 K가 그리도 닮았다. 사업추진에서는 남보다 결코 뒤질 수 없다며 한마음이 되기도, 다투기도 하였다. 정도正道에 어긋나는 일처리에는 얼마나 흥분했던지 모른다. 어쩌다 언론의 편파성 보도로 발칵 뒤집히는 날이면 아찔했다. 사실이야 어쨌든 우선은 휘둘림을 당한 우리가 문제아처럼 취급받아서였다. 황당한 일들로 술을 벗삼아 온밤을 뜬눈으로 지새웠던 일이 한두 번이 아니었다. 정이란 함께 있을 땐 잘 느끼지 못하다 나중에야 그리워지는 듯싶다.

며칠 전, 그와 마주앉아 소주잔을 나누었다. 마음은 홀가분한 듯했으나 얼굴은 핼쓱해 보였다. 몇 년 앞서 그런 힘든 과정을 겪은 나는 안다. 막상 그런 결정을 내리는 순간에는 미운 정 고운 정 나눴던 벗들이나 지나간 일들이 주마등처럼 스쳐갔으리라.

서로 술잔을 건네며 마음을 주고받았다. 감기로 고생한다고 투덜대는 걸 시작으로 여느 때처럼 건강과 취미생활, 세상 살아가는 일들을 기분 좋게 떠들어댔다. 술 마셔도 정신은 오히려 말짱했고 정작 하고픈 얘기는 가슴속에 묻어 두었다. 굳이 말이 없어도 눈빛만으로 충분했으니까. 그 어르신이 살아계셨더라면 뭔가 한마디를 선물했을 터인데.

회자정리會者定離라지 않는가. 직장도 언젠가는 떠나게 마련이다. 퇴직을 순리로 받아들여야지 않겠나. 인생 전반은 훌쩍 지나버렸고 이제 인생 후반의 시작이다. 훌훌 털어버리고 산뜻하게 출발하는 거다. 그 친구가 그러길 간절히 소망한다.

시작은 언제나 희망을 갖게 한다. 사계질의 시작은 입춘에서요, 인생의 새 출발이 결혼부터라면 인생 후반의 시작은 직장의 퇴직에서다. 입춘을 맞으며 후반부 인생을 잘 살아야 한다고 오늘도 새롭게 다짐하고 있다.

"후반부 인생의 출발에 한마디 선물로 뭘 주랴?"

내게 누가 물으면 '즐거움'이라는 한마디에 '감사'라는 말을 얹어 달라고 할 테다. 후반부 인생은 누구라도 조건 없이 행복해야 한다. 여유는 느림의 아름다운 이름이라고 그랬지. 여유를 잃지 않고 늘 감사하는 마음으로 즐겁게 살아가고 싶다.

입춘 한파가 아직 매섭지만 봄을 기다리는 마음은 따스하다.

치자꽃 향기의 추억

오랜만에 고향집을 찾았다. 집 앞에 차를 세우고 땅을 밟으니 꽃향기가 코끝에 와 닿는다. 어릴 적 맡았던 그 은은한 치자꽃 향기다. 어머니 체취 같다.

혹시나 해서 텃밭을 둘러보지만 치자나무가 보이지 않는다. 꽃향기를 쫓아 나서니 동네 광장 꽃밭에 꽃 핀 치자나무가 눈에 잡혔다. 장마 날씨에도 향긋한 향기를 뿜어내는 순백의 치자꽃이 아름답다.

올해 장마는 유난히 지루하다. 아침저녁 짙은 안개가 끼고, 낮에는 비가 내린다. 밤에는 천둥번개가 치고 비가 쏟아져 농작물에 피해를 줄까 걱정이 크다.

장맛비를 고우苦雨라고도 한다. 심한 장마는 농사뿐만 아니라 생활터전과 인명에도 많은 피해를 주기에 그만큼 괴롭다는 의미다. 하지만 적당한 장마는 풍년을 불러온다고 했다. "오뉴월 장마에는 돌도 큰다."라는 속담은 알맞게 내리는 비는 자연을 풍요롭게 한다는 뜻이 아니던가. 어찌 장맛비를 괴롭다고만 하랴.

유월 초순에 보리수확이 끝나고, 중하순으로 접어들면 장마가 찾아온다. 보리 후작後作으로는 고구마를 심는다. 그 시절 고향 농촌에서는 주작물이 보리와 고구마였다. 심한 장마가 빨리 오면 보리수확을 못해 흉년이 들고, 마른장마가 계속되면 가뭄이 들어 고구마농사를 망치기 십상이었다. 그러니 때 맞춰 내리는 적당한 장맛비를 간절히 기원했다. 장마가 한 해의 풍흉豊凶을 결정했다고나 할까.

장마가 시작되면 동네에는 치자꽃 향기가 그윽했다. 흩날리는 꽃향기의 근원지는 우리 집 텃밭이었다. 텃밭 모퉁이에 있는 치자나무가 장마철마다 꽃을 피워 향기를 퍼뜨렸다. 철부지인 나도 하얀 치자꽃이 좋았다.

치자나무는 어머니의 사랑을 독차지했다. 얼마나 아끼고 소중히 여겼는지 모른다. 꽃이 피면 가까이엔 아무나 범접하지 못하게 할 정도였다. 치자꽃 향기는 온 동네를 누볐다. 그맘때쯤이면 아이들이 꽃 한 송이만 꺾어달라고 졸랐다. 꽃이 얼마나 아름답고 향기로웠던지. 그럴 때마다 나는 어깨에 힘을 주곤 했었다.

장마가 한창이던 어느 일요일이었다. 어머니는 밭에 나가고 혼자 집을 보고 있는데 동네 아이들이 몰려왔다. 인심을 쓰고 싶은 생각에 몇 송이씩 꺾어 주다 보니 너무 많이 꺾고 말았다. 들통날 것이 뻔했다. 꾸중들을 생각에 가슴이 덜컹했다. 밭일을 끝내고 온 어머니께 이실직고할 때까지 그날은 정말 긴긴 하루였다. 다시는 그렇지 않겠다고 울며 사정해 회초리만은 겨우 피했다. 야단치는 어머니보다 구경하며 고소해하던 아이들이 더 얄미웠다.

장마철을 은근히 기다리던 어머니! 치자나무 가까이에서 꽃냄새를 맡던 그 모습이 눈에 선하다. 치자꽃은 장마가 심할수록 짙은 향기를 낸다. 그 꽃향기가 그리도 좋았을까.

그 나무는 아버지가 구해온 나무였다. 어머니는 시아버지인 할아버지를 모시고 아이들을 키우며 고향에서 집안을 지켜야 했다. 결혼하여 몇 해 만에 새집을 짓고 이사를 갔다. 너른 마당과 텃밭도 있어 손수 집을 마련한 기쁨이 더없이 컸을 것이다. 아버지는 기념으로 귀한 치자나무를 사다 텃밭에 심은 것이었다. 나무를 키우느라 어머니가 얼마나 정성을 쏟았겠는가. 짐작하고도 남는다.

치자나무는 높이가 사람 키 정도나 되는 상록관목이다. 반질반질 윤기 나는 잎은 긴 타원형인데 은은하고 향긋한 꽃향기가 일품이다. 향이 짙고 부드러워 약재뿐 아니라 화장품 향수로 인기다. 열매는 가을에 황홍색으로 익어 곱다. 정원수로 많이 심는다.

집에 귀한 치자나무가 있다는 것만으로도 어머니는 자랑스럽고 흐뭇해했다. 치자꽃은 꽃도 아름답고 향기롭지만 열매 또한 귀중했다. 이웃에서 약재로 쓰려고 열매를 찾을 때마다 어머니는 아낌없이 나눠주곤 했다. 그러던 어머니는 꽃향기가 온 동네로 스며드는 유월 어느 날 이 세상을 홀연히 떠나셨다.

객지에서 공직생활을 하는 아버지에 대한 그리움을 홀로 삭이며 살아온 어머니. 그리움도 병이 된다 했거늘 어찌 그 외로움을 말로 다할 수 있었으랴. 마음에 위안과 평온을 찾으려고 치자꽃을 그렇게 좋아했나 보다. 행복과 순결을 상징하는 꽃이 아닌가. 어스름 저녁 텃밭에서 서성이던 어머니! 당신의 외로움과 그리움을 꽃향기로 달랬음에

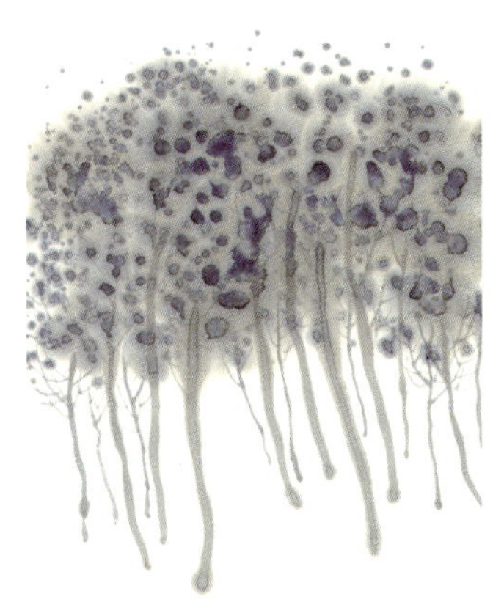

틀림없다. 어머니의 삶과 사랑이 더 눈물겹게 느껴진다.

세월이 흐르고, 텃밭에 있던 그 나무가 언제 사라졌는지는 알 수가 없다. 어머니가 무척이나 좋아하고 아꼈었는데 참으로 아쉽다. 지금도 어딘가에서 매혹적인 꽃향기를 은은하게 뿜어내고 있으리라.

장맛비가 추적추적 내린다. 그리움 속에 치자꽃 향기 따라 세상 떠나신 어머니가 오늘 그립다. 빗줄기 사이로 꽃바람 타고 고향집을 둘러보고 계실 것만 같다.

그리스인의 고향, 델포이

굿판의 울림이 신명나게 퍼져나간다. 신과 인간이 만나는 소통의 장이요, 가슴에 맺힌 한도 풀어준다는 굿판. 무당의 구성진 소리와 멋들어진 춤에 사람들이 흥겨워한다. 신들의 고향, 제주 섬에서 펼쳐지는 전통굿축제 한마당이다. 민초들의 삶과 애환이 고스란히 담겨 있는 굿잔치로 떠들썩하다.

저급한 미신으로 치부되던 제주무속이 바로 굿 아니던가. 그게 문화축제로 발전한 것이다. 옛적부터 무속신앙으로 내려온 굿의 무대가 문화의 장으로 눈길을 끌고 있다. 더구나 제주 칠머리당영등굿이 세계무형문화유산으로 등재돼 어깨가 으쓱해진다.

고향마을에도 어릴 적엔 굿판이 종종 벌어졌다. 굿을 하기 위해 먼저 큰 깃대를 세운다. 신이 하늘에서 내려오게 함이다. 영험하기로 동네방네 소문이 난 무녀巫女가 등장한다. 무녀는 신을 부르는 창을 이어나가고 춤과 무악이 펼쳐진다. 굿을 하는 간절한 사연과 소원을 신에게 때맞춰 아뢴다. 북소리 장구 소리에 구경꾼들도 춤추며 어우러진다. 함께 울고 웃는다. 마음의 병을 고쳐주고 신의 뜻을 전달하는 것은 무녀의 몫이다.

무녀에 대한 궁금증과 신전神殿을 보고픈 마음에서랄까. 어느 날, 그리스 델포이를 찾아 나섰다. 그리스인들의 마음의 고향, 델포이는 파르나소스 산맥 키르피스 산 가파른 절벽 중턱인 해발 500m 지점에 자리 잡은 작은 도시다. 성지순례 길에 설렘이 앞선다.

구부러진 산허리를 버스가 휘돌아 달린다. 파란 하늘에 흐르는 흰 구름과 첩첩산중 깊은 계곡이 그림 같다. 길 따라 펼쳐지는 올리브나무숲도 볼 만하다. 차창가로 물씬 풍겨오는 봄 냄새! 산비탈 절벽에서 풀을 뜯는 양과 염소들은 보기만 해도 아찔하다. 겁이 없을 만큼 봄기운을 한껏 받은 것인가. 델포이의 봄은 산과 들에 이처럼 찾아드나 보다.

유적지의 성스러운 길을 따라 산을 걸어 오른다. 길 양편으로 옛 흔적들이 즐비하다. 조각상과 기념비, 헐린 축대 그리고 창고들이다. 창고는 그리스 전성기에 상업 활동기금을 마련하는 데 큰 몫을 했던 신전의 보물 곳간이다. 신탁神託의 중요성이 커지자 델포이는 중부 도시국가들이 구성하는 인보동맹의 중심지였다.

신전에 이르는 길가에 풀꽃들이 만발하다. 무리지어 핀 꽃이 유별스레 눈길을 붙잡는다. 야생양귀비꽃이다. 붉디붉고 싱그럽다. 키 큰 향나무는 하늘 향해 세워놓은 로켓 같다. 신화에 나오는 지구의 배꼽이라는 '옴파로스' 돌도 보인다. 델포이가 세상의 중심이라는 징표란다. 그래서 이곳을 그리스인의 고향이라 일컫는가.

그에 걸맞게 운동경기가 열렸던 경기장은 옛모습이 보존되어 있다. BC 6세기 초 신성전쟁으로 델포이의 중립이 보장되어, 4년마다 제전적인 피티아 경기가 개최됐던 곳이 여기다. 그 무렵엔 이곳 신탁소의 명성이 절정에 이르러, 사사로운 문제뿐 아니라 국가의 중대 문제에도 신탁소의 조언을 청했다니 참으로 놀랍다.

조금 더 오르니 예술의 신 아폴로를 모셨던 신전이 나온다. 아쉽게도 신전은 허물어져 없고, 바닥만 겨우 확인할 수 있을 뿐이다. 다행히 여섯 개의 대리석 기둥이 남아 지난날의 신비와 영광을 어렴풋이 재연한다.

아폴로신전은 시민 누구나 이용 가능하다. 신탁을 듣기 위해 제관과 함께 신전 안으로 들어간다. 신탁소에서 무녀의 중재로 신과 인간의 만남이 이뤄진다. 이른 새벽 무녀는 정화수에 몸을 씻고 월계수 잎을 씹어 환각상태가 되면, 신탁을 받아 사람과 국가의 운명을 예언한다. 무언의 몸짓으로 춤추는 무녀가 선연하다. 높은 지위와 부를 누렸으리라.

소크라테스도 여기에 왔었다고 하는데, 그 자취를 찾아볼 수가 없다. 지혜로운 선택과 현명한 통찰력을 요구했던 신전은 정적만이 감돈다. 천년을 이어온 성지는 그리스도교가 퍼지며 4세기경 쇠락했어도, 문화유적지로 더 유명해졌다.

오랫동안 도시국가로서 민주주의를 실현한 나라가 그리스다. 위대한 성인과 철학자가 많다. 신들의 나라요, 판도라 상자처럼 희망이 남아있는 신화의 나라다. 가혹하고 얄궂은 운명을 견뎌내 빛나는 위업을 쌓은 신들의 이야기는 시민들에게 삶의 지침서가 되어 왔다. 관광과 1차산업은 이 나라의 주요 산업이요, 천혜의 자연과 문화유산은 나라의 보물이다. 조상들이 후손을 살리고 있다. 문득 고향 제주 섬이 떠오르는 것은 왜일까.

그리스인은 가족을 우선시하며 대화와 소통을 중히 여긴다. 정이 많고 여유롭다. 한데 최근에는 나라 경제가 어렵다고 한다. 신과 인간의 소통도 신탁소의 무녀를 통해 잘 이뤄냈던 조상의 후예들이니 만큼 닥친 어려움을 슬기롭게 풀어내리라 믿는다.

저 아래로 보이는 마을이 고즈넉하다. 주택 지붕은 적색 기와로 빨갛고, 굴뚝엔 새 모양의 비가림막이 이채롭다. 연기가 모락모락 피어오르면 새가 환각상태에 빠져들 듯하다. 신과의 소통에 한몫을 하고 있을까. 그리스인의 마음의 고향, 델포이가 멋스럽다.

그 손짓에 마음이 머물고

아가씨 둘이 꽃구경하며 서 있는 모습이 눈에 잡혔다. 무성한 초록에 묻힌 싱그러운 숲 속이다. 바위 틈새로 피어난 꽃을 보며 신기해하는 눈길을 따라 잡으니 초록 잎 속에 무리지어 핀 꽃에 머문다. 산수국이다. 제철을 만난 듯 꽃을 활짝 피워냈다. 산들바람에 꽃잎이 한들한들 춤을 춘다. 파르르 손짓하는 품새가 아름답다. 꽃과 밀어를 나누는 걸까.

"저 하얀 꽃잎에 보랏빛 꽃 좀 봐! 어찌 저리도 고울까?"

산수국은 여름 내내 피고 지는데 요즘처럼 장마 때면 한창이다. 깊은 계곡이나 산과 들길에서 지천으로 볼 수 있는 야생화다. 자연의 섭리로 빚어낸 멋진 작품이랄까. 특이한 생김이 매혹적이다.

꽃 색깔도 여러 차례 바뀐다. 흰색에서부터 연한 자주색, 연분홍색, 청색 등 다양하다. 때 맞춰 색깔이 변하는 게 매력이다. 살아남기 위한 적응력인가. 토양에 따라 색상의 변화를 꾀하는 꽃. 한여름 숲 속에서 산수국처럼 풍성하고 화려한 꽃이 또 있을까 싶다.

본디 이 꽃은 화려하고 아름다운 꽃은 아니었다. 이 꽃은 눈에 잘 띄지 않는데다 향기도 진하지 않다. 작은 꽃이 여럿 모여 덩이를 이루고 있는데 마치 접시를 엎어놓은 모양이다. 행여 벌 나비들이 그냥 지나칠까봐 참꽃 주위로 크고 화려한 헛꽃을 피워낸 것이다.

"꽃잎이 참 보드랍네요. 매달린 이슬은 은방울 같아!"

함초롬히 이슬을 머금은 헛꽃 잎을 만지작거리는 아가씨의 눈이 둥그레진다. 숲길 옆 바위 주위에 곱게 핀 산수국. 지나는 이의 눈길을 끌고 있다. 보랏빛 작은 꽃들은 진짜 꽃이고 둘레에 크고 아름다운 꽃은 가짜 꽃인 헛꽃이다. 헛꽃을 보고 진짜 꽃으로 착각하기 십상이다. 화려한 헛꽃에 비하면 참꽃은 보잘것없어 보인다. 그런데 자세히 보면, 별모양의 작은 꽃잎에 더듬이처럼 생긴 수술들이 모여 이색적인 아름다움을 감추고 있다.

꽃의 가장자리에 피는 헛꽃은 꽃잎 모양새가 클로버 잎 같다. 씨앗을 품을 수 없는 가련한 꽃이다. 꽃술이 없는 무성화無性花요,

위화僞花임이 안타깝다. 하지만 화려함과 아름다움을 뽐내며 보는 이의 사랑을 독차지한다.

가만히 지켜보고 있노라니 산수국 꽃에 뭔가 날아든다. 작은 벌과 나비들이다. 녀석들은 향기 없는 헛꽃은 본체만체한다. 다만 첫 눈길을 줄 뿐이다. 헛꽃의 유혹으로 날아든 게 분명한데, 보랏빛 작은 참꽃에만 몰리고 있다니!

허허실실, 자연의 오묘한 이치가 놀랍기만 하다. 살아남기 위한 생존전략이 기막히다. 참꽃의 암술과 수술이 워낙 빈약하여 곤충들의 눈을 끌지 못하자 유인책을 마련한 것이 아닌가. 헛꽃을 피워 벌 나비를 유인토록 말이다. 무늬만 꽃인 가짜 꽃으로.

헛꽃의 아름다움이 산수국을 저토록 고운 꽃으로 만들고 있다. 화려한 요정 같다. 멋진 옷으로 바꿔 입듯 꽃 색깔을 수시 다양하게 바꾼다. 헛꽃과 참꽃 색상의 아름다운 변화다. 아무리 아름다운 색깔도 단색은 단조롭기 마련이지. 그림을 그리는 사람은 색을 또렷하게 표출해내려 배색 작업에 상당한 시간을 할애한다고 한다. 색의 변화와 어울림이 단조로움을 벗어나게 하기 때문일 터이다.

아쉽지만 참꽃이 수정을 하고 나면 헛꽃의 임무는 끝이다. 할 일을 마친 헛꽃은 하늘을 보고 있던 꽃잎마저도 땅 쪽으로 온전히 뒤집는다. 꽃 색깔도 퇴색해지면서 생을 서둘러 마감하고 만다. 자기에게 오는 자양분을 되돌려 참꽃이 열매를 맺는 데 쏟게 하기 위함이리라. 희생은 사랑이 있어야만 가능한 일이 아닌가. 헛꽃의 헌신이 참으로 숭고하다.

요즈음 화두話頭는 살맛나는 사회공동체로의 '아름다운 변화'다. 활짝 핀 산수국을 보며 생명체에 대한 생각이 깊어진다. 산수국의 아름다움은 과연 어디에서 오는가. 다양한 색상의 어울림과 아우름, 자기희생과 사랑의 바탕에서 비롯되는 것이 아닐까.

인간 공동체는 남과 더불어 사는 사회다. 나 혼자만은 아무것도 이뤄낼 수 없다. 공동생활에서 아우름과 어울림은 필수다. 살맛나는 공동체를 만들기 위해 자기를 희생하고 전체를 위해 헌신할 줄 아는, 실천력 있는 지도자가 '아름다운 변화'의 중심에 서야 한다.

신비로운 생명이 저마다의 소리와 빛깔로 살아 꿈틀대고 있는 숲 속. 산수국 꽃잎에도 햇살이 반짝거리고 있다. 뿜어내는 초목의 향기와 맑은 공기가 오장으로 깊숙이 스민다. 살랑대는 바람결에 헛꽃이 손짓하고 있다. 그 손짓에 마음이 머문다.

조각구름의 날갯짓

지난여름이었다. 소련 연방체제가 무너진 지 이십여 년이 지나서다. 어릴 적 책 속에서 배웠고 머릿속에 그렸던 나라 러시아. 지금은 어떤 나라인지 궁금했다, 과연 얼마나 변했을까. 평화가 깃든 나라일까. 호기심과 궁금증이 모스크바를 찾게 했다.

모스크바는 러시아의 수도요, 심장이다. 한때는 동유럽의 중심이기도 했다. 초행길이라 낯이 설 수밖에 없어서이기도 하겠지만 러시아는 나의 뇌리에서는 차갑고 딱딱한 도시로만 그려져 있었다.

소문난 '아르바트 거리'에 들어섰다. 러시아의 예술가들이 한

때 이곳에 살면서 낭만을 풍미했고 문학적 영감을 키웠다는 거리다. 숱한 옛 이야기가 곳곳에 살아 호흡한다. 말 그대로 예술의 거리요, 젊은이의 거리다. 화가는 그림을 그려주고, 악사는 기타를 치며 노래한다. 즐비한 레스토랑과 선물가게, 거리를 장식하는 아마추어 예술가들의 작품도 눈요깃감이다. 어우러져 거니는 사람들이 물결처럼 출렁인다. 양옆으로 늘어선 건물 또한 고풍스럽다. 이 거리가 옛 냉전시대에도 정말 있었던가, 생각이 혼란스럽다.

대문호 푸시킨의 동상이 눈앞에 다가선다. 좋은 문학작품은 나라와 이념을 가리지 않는다고 했다. 냉전冷戰 하면 먼저 차디찬 얼음을 떠올려온 내가 아니던가. 곤고한 삶을 보듬는 푸시킨의 시 한 절이 떠오른다.

> 삶이 그대를 속일지라도 슬퍼하거나 노하지 말라.
> 설움의 날을 참고 견디면 기쁨의 날이 오리니

이 시구詩句처럼 시방 얼음이 녹아 따뜻한 계절을 불러들인 것일까. 우리에게 주는 위로와 환영의 선물 같다. 혼란스러움은 눈에 띄지 않는다. 자유가 물결치는 개방의 시대를 앞질러 내다본 것 같은 그의 혜안에 감탄하지 않을 수 있으랴.

놀랍게도 러시아의 심장, 모스크바는 뜨겁게 뛰고 있었다. 관광객들로 만원이었다. 러시아 문화의 정수 크렘린 궁전, 나폴레

옹 전쟁에서 승리한 것을 기념하는 개선문과 승전기념탑, 도심을 흐르는 모스크바의 강, 이루 말할 수 없는 아름다운 경관과 역사의 현장은 여행객을 부르기에 충분했다.

뜨거운 모스크바 붉은광장을 거닐던 8월의 그날, 정오가 좀 지난 시간이었다. 많은 사람들이 경탄하는 소리가 들려왔다.

"서편 하늘에 저것 좀 봐. 우리에게 날갯짓하고 있잖아!"

여럿이 가리키는 창공을 올려다보는 순간 나는 깜짝 놀랐다. 하늘에 엄청나게 큰 새 한 마리! 희한한 광경을 목격한 것이다. 꿈을 꾸는 것 같았다. 분명 신기루는 아닐 터. 마음을 가라앉히고 찬찬히 바라보았다. 하얀 조각구름이 마치 거대한 새가 하늘을 날아오르는 형상과 영락없었다. 아, 바람 따라 날갯짓한다. 무슨 표징일까? 가만히 보노라니 마음이 평화로워진다.

구약성서 창세기 편이 떠오른다. 하느님께서 하늘과 땅 사이에 계약의 표징으로 무지개를 두었다고 했다. 홍수에서 구원된 노아와 맺은 하느님과의 계약, '땅을 멸하지 않으리라'는 인간과의 약속의 표징이 바로 무지개였다. 평화를 상징하는 새, 비둘기도 거기에 등장한다. 신은 타락한 인간을 벌하려 대홍수를 일으키고, 믿음이 깊은 노아의 가족과 가축을 방주에 타도록 했다. 비가 멎자 노아는 물이 빠졌는지 보려고 비둘기를 날려 보냈다. 한참 후 비둘기는 올리브 잎을 물고 돌아왔고, 그 후로 비둘기는 평화를 상징하는 새가 됐다.

평화란 분쟁이나 다툼이 없이 서로 이해하고 우호적이며 조화를 이루는 상태다. 분명 인간은 평화를 누릴 권리가 있다. 지금 모스크바 이곳에 평화와 자유의 물결이 밀려들고, 변화의 바람이 불고 있잖은가. 저 조각구름은 평화와 희망을 나르는 상서로운 표징 같다.

사실 평화의 표징을 짐작하기란 쉽지 않다. 1990년대 초, 제주에서 최초 한·소 정상회담이 열렸었다. 뜻밖에 불어닥친 평화의 바람이요, 역사적 사건이었다. 그해 남북한 동시 유엔가입도 이뤄졌다. 동서 화해의 시발점이 된 그 따스한 바람은, 제주를 평화의 섬으로 부각시켰다. 흐르는 구름 한 조각이 '바람 불던 그날의 감동'을 되살려주고 있다.

창공의 조각구름이 우리에게 보낸 날갯짓은 필시 경이로운 메시지

가 아닐까. 가까운 시일 안에 '한반도에 평화통일이 온다.'는 날갯짓이라면 참으로 좋겠다. 카메라에 조각구름을 담느라 모두 야단법석이다.

우리는 외세의 압박 속에 고단한 삶을 살면서도 이웃이 큰일을 당하면 함께 걱정하는 문화 속에 살아왔다. 손이라도 따뜻하게 잡아주고 오는 게 우리네 미풍양속이다. 분단조국의 고통을 받고 있는 현실에서, 옛 소련의 변화를 나름대로 상상하며 우려와 호기심 속에 여길 찾아오지 않았던가. 마음의 겉치레 같아 부끄럽기 그지없다. 러시아의 힘든 모습은 보이지 않았다. 궁금증을 갖고 어려운 상황을 그려온, 잘못 인식해온 내가 되레 안쓰럽다.

러시아에서의 그날은 뜻깊은 하루였다. 하얀 조각구름이 포근함을 안겨주고 희망을 심어주었다. 통일의 날은 언제면 올까. 남북으로 갈린 조국, 북녘 땅을 생각게 했다. 지금도 조각구름의 날갯짓을 잊을 수가 없다.

우두봉에 올랐어라

가보고 싶었던 곳을 향해 훌쩍 길을 나섰다. 푸른 파도가 아름다운 섬을 감싸 돈다.

등대를 이고 누운 섬, 우도는 성산포항에서 북동쪽으로 배를 타면 약 15분 거리에 위치한 섬이다. 면적은 6㎢ 정도이지만 제주 연안의 부속 섬들 가운데 가장 크다. 섬의 모양새가 소가 드러누워 머리를 내민 모습과 비슷하다고 소섬이라고 불린다. 섬에서 제일 높은 곳에는 소머리를 닮은 우두봉牛頭峯 등대가 있어 더 인기다.

항 포구에서 우두봉을 향해 걸음을 옮긴다. 초가을 바닷바람 소리가 숨결처럼 다가오는 굽이진 남서쪽 해안 길을 걷는다. 바닷가 바위에 부딪히는 파도가 길손을 반기듯 하얀 손을 내밀며 넘실댄다.

발길 닿는 대로 걷노라니 '비와사'폭포가 보이는 언덕에 닿았다. 누가 지어 붙였을까. '비와사'는 '비가 오면'이라는 뜻의 제주어. 이름이 순수하고 멋지다. 청명한 날씨라 그 폭포를 만나지 못해 아쉽다. 콸콸 쏟아지는 폭포 풍경을 상상하며 그 너머 오른쪽을 올려다보니 큰 바위 얼굴이 보인다. 성산 일출봉을 향한 거대한 절벽바위. 큰 코에 눈이 근엄하다. 아하, 이곳 출신 중에 인물이 많은 연유를 알 것 같다.

얼마 지나자 출입제한 구역이다. 태풍에 길이 파손되었단다.

순간 무르춤하였다가 길을 바꿔 절벽 옆쪽 산길을 오른다. 그리 높지 않아 '이쯤이야 뭘.' 했는데, 지팡이가 생각날 만큼 가파르다. 숨이 차고 땀이 흐른다. 주저앉고 싶을 만큼 다리가 저리고 무릎이 아프다. 창피스럽게 돌아갈 수도 없고 '조금만 더' 하며 나를 도닥인다.

쉬어가며 한참 만에 오르니 이를 어쩌나, 봉우리 부근에 철조망이 쳐있다. 되돌아 내려와 다시 출발, 올레길을 따라 꽤 걸어 올라서니 비로소 우두봉 정상이다.

온 길을 뒤돌아본다. 후회막급하다. 산을 오르려면 만일의 경우에 대비한 준비와 각오가 필요하다는 것을 잊었다. 인생길을

가는 것도 등반과 같아서, 쉬운 길도 만만히 보면 실패하기 십상이다. 늪 속에 빠져 허덕이듯 힘든 상황에 직면하기도 한다. 그래도 등반길은 인생길과 달리 되돌아갈 수 있다는 것이 다르다면 다를까. 어쨌든 오늘 준비 없이 무작정 출발한 것은 실수였다. 마음만 청춘일 뿐 몸은 나이가 들었다는 것을 깜빡 잊은 채, 배낭도 없이 나섰으니 이거야 정말 이만한 게 천만다행 아닌가.

봉우리 돌계단에 앉았다. 섬의 전경이 한눈에 잡힌다. 작열하는 태양에 하늘이 사방을 푸른빛으로 덮었다. 장엄한 한라산과 세계자연유산인 성산일출봉이 소섬을 받쳐주고, 태평양 쪽빛 바다는 섬을 품어 안았다. 마소가 풀을 뜯는 초원과 집들이 옹기종기 모여 앉은 풍경이 아늑하고 평화롭다. 우도가 아름다움을 뽐내고 있다.

해마다 백만 명 넘는 관광객이 이 섬을 찾는다. 오랫동안 물 부족과 교통 불편으로 살기 어려웠던, 가깝고도 먼 섬이 아니었던가. 지금은 보물섬이 되어 자랑스럽기만 하다.

어디선가 정오를 알린다. 항해의 안내자인 등대 앞으로 다가갔다. 신구 두 개의 등탑이 아버지와 아들처럼 보여 든든하다. 우두봉의 명품이다. 이곳에 조성된 등대공원은 지나온 세월을 사진으로 보여주고 있다. 일백여 년 전 최초 점등으로 시작해서, 유인등대 그리고 무신호설치 에어사이렌에 이르기까지 세월의 뒤안길에 묻어두었던 이야기들이다. 어린 시절로 나를 불러주니

가슴이 설렌다.

나의 고향은 성산읍내의 농어촌마을이다. 차로 가면 성산포에서 서쪽으로 약 20분 거리. 밤이면 동쪽 하늘에 나타났다 사라지는 무지개 같은 불빛과 짙은 안개 낀 저녁의 '우~음~음' 하는 소울음 에어사이렌 소리를 어릴 적에 보고 들었다. 소섬 등대의 빛과 소리가 고향을 떠난 지금도 기억 속에 아련하다. 옛 시절로 돌아가 그 등대를 오늘 만나고 있다.

기나긴 세월을 말없이 지나왔을 옛 등탑을 바라본다. 거친 세파와 외로움과 아픔을 어찌 홀로 참고 살아왔을까. 한 세기를 지나온 풍파세월이 등탑에 담겨 있을 터다. 숱한 세월 동안 안내자로서의 맡은 역할을 다 이뤄낸 뿌듯함인가. 한 많은 사연은 가슴속에 묻어버린 듯 구 등탑이 의연하다.

뒤에 있는 신 등탑을 조심스레 손으로 쓰다듬는다. 구 등탑보다 묵직하고 크고 높다. 우뚝 솟은 것이 믿음직하다. 세월의 풍파에 두려움 없이 주어진 소임을 다 하겠으니 '걱정 마시라'는 자세다. 하늘을 우러러 다짐하듯 묵언의 미소를 짓고 있다.

그 옛날 세워진 구 등탑과 신 등탑. 하얀 옷 걸쳐 입고 함께 어우러져 다정하다. 서로 인정해 주고 보듬으면 보람을 느끼게 마련. 지난날을 흉보거나 현재를 무시하지 않고 있다. 신구세대, 아버지와 아들의 어울림이 보기 좋다.

오름을 내려오며 오늘 등정의 의미를 곱씹어 본다. 정상에 오르기까지의 무관심과 게으름, 예상 밖 상황과 수난, 고통 다음에 오는 뿌듯함과 봉우리에서의 즐거움, 옛것과 새것의 어울림, 임무교대의 홀가분함과 새로운 다짐. 마치 지나온 삶의 길을 다시 걸은 느낌이다.

떠나는 배 안에서 멀어져가는 섬, 우도를 바라본다. 우직하고 믿음직했던 옛적 우리 집 황소가 '우우~음.' 하며 잘 가라 인사하는 것 같다. 소중한 것을 다시 찾은 듯 흐뭇하다.

섬을 찾은 사람들은 아름답다고 탄성을 지른다.

고향에 부는 바람

시나브로 가을이 깊어간다. 파란 하늘 아래 오곡백과 무르익는 시월. 선선한 바람에 산과 들이 울긋불긋 몸단장 준비에 바쁘다. 계절 타는 바람의 위력일까. 무더웠던 여름은 세월 뒤로 푸른 속살을 다 감췄고, 한라산 자락 들녘엔 가을이 한창이다.

어린 시절, 이맘때쯤 손꼽아 기다리는 날이 있었다. 가을운동회날이었다. 초등학교 대항 달리기 경주인 릴레이는 정말 인기였다. 선수가 아니어도 상급학년생은 이웃 학교 운동회에도 응원하러 다녔다. "달려라, 달려라!" 하며 소리치는 어른까지 합세한 응원은 대단했다. 푸짐한 선물에 맛있는 것도 먹을 수 있어 그날은 신나는 날이었다.

그리움을 안고 고향 체육대회에 참석하러 가는 길이다. 어린 애마냥 가슴이 울렁인다.

예정시간보다 일찍 고향 체육대회장에 도착했다. 이른 시간인데도 읍내 단체장들과 마을 어른들이 공원운동장에 벌써 나와 반긴다. 잔디로 조성된 레포츠공원이 붐비고 있다. 아, 엄마 품속 같은 고향마을 신풍리! 서로 얼싸안는 모습에선 정이 넘쳐난다. 눈물을 글썽이는 분들도 보인다. 오랜만에 찾아온 가족과의 만남이지 싶다. 향우회 일원으로 '참석하길 참 잘했다.'고 생각하는 순간, 사회자가 식전행사 시작을 알린다.

마을부녀회 동호인 모임의 식전 축하공연. 유니폼을 입고 목에 스카프와 머리에 띠를 두른 여성 사십여 명이 잔디광장에 섰다. 중년에서부터 할머니까지, 멋쟁이 소리 듣는 부녀들. 음악이 울려 퍼지는 순간 나는 깜짝 놀랐다. 요즘 세상을 떠들썩하게 하고 있는 가수 싸이의 〈강남스타일〉이 아닌가. 고향마을까지 이 춤바람이 불어오다니!

"오빤 강남스타일!"

여인들이 노래를 부르며 팔짝팔짝 말춤을 춘다. 구경꾼들 중에도 여럿이 함께 팔과 다리를, 몸과 고개를 흔든다. 노랫말도 우스꽝스런 말춤도 같이하니 멋지다. 얼굴이 후후 달아오르며 온몸이 땀에 흠뻑 젖는다. 덩달아 모두가 흥겹고 즐겁다. 몸과 영혼의 환희라고나 할까. 말 타고 광야를 달리듯 말춤에 맞춰 노래하며 몸동작을 놀려댄다. 남녀노소가 없다. 와~아! 여기저기서 탄성이 쏟아진다.

〈강남스타일〉은 요사이 지구촌에 하나의 문화현상이 됐다. 가족이 함께 춘다는 말춤. 전세계 어디에서나 말춤을 흔들어대고 있다. 뮤직비디오 음반으로 나와 석 달도 안 지났는데 놀랍다. 연일 세계 언론의 톱기사다. 파죽지세로 붐을 일으키고 있다. 인터넷 동영상 유튜브를 타고 언어와 문화의 장벽을 뛰어넘은 것이다. 조회만도 이미 5억 명을 넘어섰다고 한다. 과연 신드롬이라 할 만하다. 사람들이 왜 이리 빠져들까.

싸이의 본명은 박재상이다. 젊은 나이에 풍파를 겪은 그의 사연은 가슴을 아프게 한다. 그는 다른 연예인처럼 평범한 가수였다. 몇 년 전에는 파렴치범으로 몰렸다. 대마초를 피워 방송출연 정지를 당했고, 병역특례에 연루돼 비난의 화살을 피할 수 없었다. 그때 그는 자신의 실수와 잘못을 솔직히 인정하고 용서를 구했다. 구차스럽게 변명하거나 어느 누구를 원망하지 않고 바로 재입대해 군복무를 마쳤다. 그 진솔함과 성실성이 서서히 대중의 마음을 움직이며 바뀌어 갔다. 가차 없는 질타가 관심과 사랑으로 변했다.

"지치면 지고, 미치면 이긴다."

공연무대에서 관객들에게 쏟아내는 그의 좌우명이다. 용기와 열정을 불어넣어 주는 응원의 함성 같다. 팬들의 성원에 감사하며 혼신의 노력을 쏟고 있다고 토로한다. 〈강남스타일〉의 노랫말은 아주 평범하다.

'나는 사나이, 너만큼 따사로운 그런 사나이, 점잖아 보이지만 놀 땐 노는 사나이'

어렵지 않아 편하게 따라 부를 수 있다. 가사 몇 구절만 봐도 더없이 좋다. '보통사람의 눈높이에 딱 맞다.'고들 한다. 말춤 또한 누구라도 따라 출 수 있을 만큼 쉽다. 그 춤과 노래가 잠시라도 힘든 삶을 잊고 흥분의 도가니에 빠지게 만든다. 그래서 고향에도 살랑살랑 이 바람이 부는 것인지.

한동안 농촌은 힘들었다. 소득격차는 물론 세대 간의 갈등이 골칫거리로 등장했고, 교육과 의료문제는 더욱 농촌을 옥죄었다. 젊은이들이 고향을 떠나 도시로 몰려가는 어두운 현상이 농촌에 그늘을 짙게 드리웠다. 어른들의 근심이 클 수밖에 없었다. 도시로 간 젊은이들의 일자리 또한 심각한 문제가 되었음에랴.

세상은 빠르게 변하고 있다. 변화에의 적응이 쉬운 일인가. 나날이 긴장의 연속이다. 무거운 삶의 무게에 짓눌려 신음한다. 풍요 속에 빈곤이라 했듯 이웃도 몰라볼 만큼 도시는 분주하고 복잡하며 냉혹하다. 사람들은 가급적 이 틀에서 벗어나고자 한다. 도시에서 농촌으로! 농부가 된 어느 전직 장관은 "왜 몰랐을까, 그 즐거움! 시골생활이 축복이더라."라고 자랑해 화제다. 자연과 어울려 사는 삶이 재평가받고 있는 요즘이다.

때를 맞춘 듯 고향에 부는 바람, 강남스타일. 남과 여 그리고 어른과 젊은이의 벽을 무너뜨렸다. 가식의 틀을 깨고 기득권도 내려놓게 하고 있다. 바람은 변화의 첨병尖兵인가 보다. 인간답게 살기를 바라는 작은 소망이 담긴 노래가 열정을 심어주고 기쁨과 희열을 돋운다. 감흥을 불러오는 춤은 단합이라는 놀라운 응집력을 만들어 낸다. 춤바람 속에 살맛나는 세상, 농촌의 변화가 보인다. 레포츠공원이 왁자지껄하다.

오늘 저녁엔 손녀와 함께 나도 말춤을 춰야겠다. 싸이가 끼를 발하듯 흥겹고 신나게.

아, 이제야

살다 보면 속이 후련하고 기쁠 때가 있다. 뭔가 깨닫거나 못 이루었던 일을 해내면 '아, 이제야!' 하는 소리를 연발한다. 막혔던 봇물이 터져 나오듯 보잘것없는 사소한 일에도 그러하다. 나이가 들면 감동을 쉬 하게 되나 보다.

욕실에 들면 내 모습이 오롯이 다 보인다. 허약한 팔다리와 균형 잃은 몸매는 연륜의 증표다. 몸 관리한답시고 이리저리 기웃거리지만 달라지는 것은 별로 없다.

집 안 자그만 욕실은 내가 즐겨 찾는 곳. 뜨뜻한 욕조물에 몸을 푹 담그면 피로가 스르르 풀린다. 한데 곤고해진 몸과 마음을 다독이는 이 공간이 요새 쉴 틈이 없다. 시집간 딸네 가족이 집에 와 욕실 이용이 빈번해져서다. 아무나 예고 없이 달려든다. 그뿐인가. 욕실에 문제가 생겼다. 물 빠짐이 신통치 않다. 바닥도 미끌미끌하다. 관리 손길이 뜸해졌기 때문이다. 아내는 젖먹이 손주를 돌보느라 제 앞가림도 못하는 형편이다.

요즘 아내의 불평이 늘었다. 남자가 뭘 하느냐는 눈총을 내게 준다. 집안관리가 엉망이라며 나더러 해결해내라는 무언의 명령이다. 모른 체할수록 목소리를 높인다. '철없는 당신과는 소통이 안 돼 답답하다.'는 투다. 사실 여태껏 자잘한 일은 아내가 해왔다. 손재주 없는 나는 뭐 하나 제대로 할 줄 모른다.

후덥지근한 어느 날이었다. 큰맘 먹고 욕실과 세면기를 청소하고 하수구도 손보려 했다. 세면기의 수도꼭지를 트니 물이 밖으로 넘쳐난다. 하수 파이프가 꽉 막혔는가 보다. 이것은 쉽지 않겠다, 고개를 내저으며 목욕이나 하기로 마음을 돌려버렸다.

몸에 비누수건질을 하는데 갑자기 몸이 휘청하더니 아~앗, 소리치는 순간 넘어지고 말았다. 이런 젠장, 하마터면 큰일 날 뻔했다. 힘없는 팔다리를 깜빡 잊었나? 젊었을 때만큼 생각하다니 그건 천만의 말씀이었다. 다리가 아파오고 허리가 뻐근했다. 말로만 들어왔던 욕실사고, 남의 일이 아니었다.

"여보, 괜찮아요?"

놀란 아내가 얼굴 찌푸리며 기웃한다. 그러고는 입을 비쭉 내민다. 큰 사고는 아니라는 것을 확인했는지 고생 좀 해보라는 표정이다. 어쩔 것인가. 다친 다리 때문에 불편이 이만저만 아니었다. 방심했다가 고생을 사서 하는 꼴이 되었다. 그래도 '그 정도로 다친 걸 다행인 줄 알라.'는 아내의 위로가 약이었다. 괜찮아진 것은 보름쯤 지나서였다. 혼나봐야 정신이 든다는 말이 맞나 보다. 걱정이 마음안에 흐르며 불안이 더 커져간다. 방법을 찾아야만 했다.

궁즉통窮則通이라 했던가. 며칠 후 딸의 도움으로 컴퓨터에서 정보를 얻어냈다. 가정 내 안전사고 차단을 위한 자료화면을 열어보라는 거였다. 그 내용은 대충 이러했다.

"욕실에서 종종 넘어진다. 언제 한번 크게 다칠까 걱정이다. 좋은 대책이 없을까?"

"물 빠짐 불량으로 바닥이 미끄러워서다. 욕실매트를 깔아주

시라."

내가 찾던 게 바로 이것이었다. 우선 믿고 사용해보라고 하지 않는가. 곧장 결심을 했다. 성능과 품질이 어떤지 몰라도 욕실매트를 써 보기로.

즉시 욕실 미끄럼방지 매트를 주문했다. 얼마 후 도착한 매트는 둘둘 말고서 청소하기도 편리한 원형 레일 매트였다. 색상은 예쁜 연분홍빛으로 표면이 산뜻해 좋았다. 왜 이런 걸 진작 몰랐을까. 매트 촉감이 자꾸만 만져보고 싶을 만큼 어린애 살결처럼 보드라웠다.

그런데 웬걸, 며칠 안 돼 미끄러움을 막으려면 물 빠짐이 우선 좋아야 한다는 걸 깜빡 잊었었다. 넘쳐흐르는 세면기 물이 문제였다. 근원적인 물의 소통을 간과한 것이다. 막힌 하수구를 뚫어야만 했다.

작업도구로 공사(?)를 시작했다. 반나절 동안 하수 파이프를 뚫고 닦아내느라 땀으로 흠뻑 목욕을 했다. 게으른 값을 톡톡이 치렀다고나 할까.

콸콸 쏟아지는 물이 쑥쑥 빠진다. 막힌 통로가 한참 만에 뚫린 것이다. 그동안 답답함 불안함이 얼마였더냐. 드디어 해냈다는 이 기분, 날아갈 것 같다. 게다가 소소한 일이지만 잘했다고 남편을 치켜세우며 미소짓는 여인이 곁에 있어 좋다. 꽤 달뜬 듯 아내의 두 볼에도 불그스레 홍조가 번진다. 이제야 둘 사이 막혔던 소통도 탁 트인 듯하다. 오호라! 쏟아지는 물소리가 살짝 귀띔하는 듯하다. 부부 간의 불안은 소통의 부재에서 온다고.

이웃과의 소통도 마찬가지일 터다. 이게 잘되면 동네방네 웃음꽃이 만발이요, 안 되면 불협화음이 온 동네를 휩쓸어 주변이 삭막해지고 마찰과 갈등으로 고단해진다. 한눈팔고 방심하면 탈나게 마련인데 어찌 이를 소홀히 할 수 있으리.

나도 이제 철이 좀 드나보다. 막힌 곳이 없는지 삶의 주변을 다시 둘러봐야겠다. '아 이제야!' 하는 감동과 기쁨과 안심의 소리 들렸으면 좋겠다.

살맛나는 세상, 소통이 먼저 아니겠는가.

들녘에 저무는 가을

산야가 온통 황금빛으로 물들었다. 서산으로 기우는 해는 남은 빛과 열을 발산하고 있다. 들녘 조그만 묵정밭 동쪽으로 오름을 돌아드는 개울물 소리가 들리고 스산한 바람이 스쳐 지나간다. 스러지는 가을의 빛과 소리가 쓸쓸하다.

가을은 지나온 삶을 되돌아보게 하는 계절이다. 인간은 자연과 더불어, 자연에 순응하며 살아간다. 사계四季 중에 가을이 없다면 사색과 사랑의 철학은 그 의미를 상실하리라는 생각이 든다.

하얀 억새꽃이 물결치는 들길이다. 지난여름, 푸른 빛을 발하며 젊음을 노래했던 억새는 가을의 풍요로운 마음을 주고받은 듯 은발을 휘날린다. 억새꽃이 가을 해가 발산하는 잔광殘光을 받아 반짝거린다. 한때는 넘치는 활력으로 힘을 자랑하던 억새가 이제는 스치는 바람에도 고개를 숙이며 몸을 눕힌다. 월동을 준비하려고 그런가 보다. 근육과 살이 빠져 아픔을 참아내느라 온몸을 뒤틀고 있다.

거세게 몰아치던 바람이 잔잔해지며 고향 들녘에 고요가 찾아든다. 개울에서 흐르는 물소리는 하늘까지 닿으려는가. 세월을 따라온 개울물이 제법 요란하다. 잠잠한 듯하던 풀밭의 작은 소리들이 점점 커지며 귓속으로 파고들고, 안 보이던 온갖 들꽃과 초목들도 눈에 띄어 마음속 깊은 곳에 새로운 들판이 생긴다.

작은 새 한 무리가 소리를 내며 먹이를 찾아 들녘 하늘을 배회하고 있다. 쭉쭉~ 새소리가 마치 목동이 소를 모는 소리 같다. 새들도 목동처럼 끊임없이 일해야 먹고 살지 않겠는가. 그 고달픔과 서러움이 오죽하랴. 아무도 새들의 삶을 보장해주지 않으니 서글픔을 하소연하는 듯하다.

때 맞추어 큰 새 한 마리가 까~악 까~악 소리를 지르며 하늘 저 멀리로 날아가고 있다. 어쩌면 저리도 구슬피 울까. 짝 잃은 새가 임자를 찾아 헤매며 부르는 소리이리라. 저녁하늘에 퍼지는 그리움에 지친 울음소리가 가슴을 갈기갈기 찢어놓고 있다.

가을 들녘에 묵혀 내버린 저 묵정밭은 상황을 아는지 모르는지 무심하기만 하다. 흐르는 개울물 소리도 문득 조용하다. 휴경지여서 쟁기로 갈아 뒤엎지 않으니, 땀 흘리며 헤매는 새들의 소리를 들을 귀가 없나 보다. 귀머거리나 벙어리가 된 듯 묵묵히 지켜보고만 있다. 그 외로움과 쓸쓸함을 알아줄 이 누구일까. 여기저기 핀 구절초는 새들의 소리를 귀담아 들어서 묵정밭의 쓸쓸한 사연도 알고 있으련만, 가슴에 품고 가려는지 그저 말없이 미소만 짓고 있다.

평온하던 들녘에 다시 찬바람이 인다. 불어오는 바람 앞에 초목들이 이별을 예감이나 한 듯 부산스럽다. 메마른 잡초들은 우수수 지는 낙엽을 뒤집어쓰고 점점 시들어간다.

갈 길은 먼데, 들녘에는 서서히 날이 저문다. 가을 햇살을 즐기던 풀꽃과 새들은 찾아드는 어둠에 보금자리로 들고, 초저녁 하늘에는 별이 하나 둘씩 촘촘히 돋아난다. 하늘에서 하염없이 들국화를 찾아 내려온 저녁이슬은 별들의 눈물 같다.

이별의 눈물을 흘리는 별들이 서서히 저녁하늘을 수놓고 있다. 초목의 무성하던 잎들은 가을의 서리가 된 이별의 눈물 앞에 고개 숙여 움츠리는데, 오직 들국화만이 찬란한 꽃을 피운다. 찬바람에 서리 쓴 들국화가 하얀 보석처럼 반짝거린다.

가을이 아득아득 저물어간다. 풀과 나무의 열매들이 형형히 빛을 내며 사랑과 소망을 담은 갖가지 사상事象들을 길가에 파묻고 있다. 실베짱이와 여치, 풀벌레 떼들은 오래도록 참아온 울음을 터트리며 자신의 존재를 알린다. 종족을 보존하려 알을 땅속에 묻고 목숨을 건 마지막 연주를 시작한다. 처량하다. 삼숭수

하모니를 이루어 시간 너머의 더 높은 꿈을 연주하고 있다. 그들의 노래가 내 심혼을 흔들어 깨운다. 생에 대한 집착은 연주곡을 타고 시공을 초월한 듯 사랑을 타고 날아오른다.

이 가을은 삼라만상이 헤어져야만 하는 계절인가 보다. 초록빛 들판과 빠지는 수렁을 함께 넘으며 사랑을 노래하던 풀벌레들. 누군들 헤어지고 싶겠냐마는, 이제 흐르는 세월 앞에서는 어쩔 수가 없나 보다. 찾아드는 이 저녁의 어둠을 무엇으로 밝혀주랴. 갈 길은 아직 먼데 들녘은 말이 없다.

고향 들길을 어느 시인의 시 〈묵정지, 이 쓸쓸함의 저편〉의 시상詩想에 잠긴 채 터벅터벅 걷고 있다. 어둠이 깔리는 초저녁, 저무는 가을이 내게 일깨운다. 때를 맞추어 떠나는 것은 쓸쓸하지만 무척 아름답다고.

12월에 받은 편지

한 장 남은 달력이 바람결에 흔들린다. 우수수 낙엽 지는 소리가 지난날을 되돌아보게 한다. 간절히 바라던 소망을 이루었다고 한들 도도하게 흐르는 세월 앞에서야 허전함과 미련이 어찌 없겠는가. 아쉬움으로 보내는 12월은 마음이 분주해지는 달이다.

겨울답지 않은 포근한 아침, 편지 한 통을 받았다. 고향에서 감귤농장을 경영하는 친구 J가 보낸 것이다. 중학시절 같은 반 단짝인데 지금도 나를 이해해주는 마음이 따뜻한 벗이요, 후원자다. 반가운 그의 친필편지를 받아드니 마음속에 울렁거림이 인다. 친구의 체취가 물씬 풍겨나는 편지, 내가 보내준 수필집을 잘 받았다는 답장인가 보다.

그 수필집은 지난달 출간된 나의 첫 작품집이다. 입춘이 지난 즈음부터 건강문제로 두 달 남짓이나 정밀검진을 받으러 병원 출입이 잦았다. 다행히 몸에 이상이 없다는 결과가 나왔다. 안도와 감사하는 마음에서 결심한 게 등단 후 몇 년 동안 글을 쓰며 준비해온 수필집 출간이었다. 이리저리 바쁜 날들이 계속 되었다.

불철주야 작품을 다듬느라 한동안 고생한 끝에 책을 펴냈다. 삶의 흔적을 정리한다는 의욕이 앞섰다고 해야 할까. 미진한 문장에 부족한 글이어서 부끄럽다. 벗과 지인들에게 수필집을 보

내노라니 11월도 어느새 지나고 말았다.

걸려오는 전화나 메일을 받느라 제법 분주했다. 따뜻한 축하와 격려의 말을 들을 때면 보람이 느껴졌다. 오늘 받은 고향친구 J의 편지는 코끝을 찡하게 했다. 뛰어난 문학적 감성을 타고난 그가 마치 벗과 대화를 나누듯 써내려간 앞면의 글은 한 폭의 그림이요, 시였다. 벗을 격려코자 하는 그 친구의 정감 어린 글이어서 소년처럼 내 얼굴이 붉어졌다.

"잊지 않고 기억해줘 고맙구나. 오랜만에 가난한 농부의 마음 속 깊이 넉넉함과 기쁨을 안겨주었네. 사랑을 배웠고 행복을 느꼈다네. 풀잎으로 이불 펴놓고 임을 그리는 여인네 같은 설렘으로 당신의 마음밭을 지나노라니, 밤은 깊어 새벽으로 달리누나. 참으로 아름다운 이 밤, 자네의 마음을 잘 읽었다네."

그리고 뒷면엔 고故 김수환 추기경의 말씀이 적혀 있었다.

"노점상에서 물건을 살 때 값을 깎지 말라. 그냥 돈을 주면 나태함을 키우지만 부르는 대로 주고 사면 희망과 건강을 선물하는 것이다."

한해의 끝자락에 들어선 오늘, 뒤돌아보니 다사다난했던 일 년이었다. 나라에서는 영광스럽고 기쁜 일들도 있었지만, 온 국민이 추앙해온 김 추기경을 떠나보내야만 하는 안타까운 일도 있었다. 우리의 정신적 버팀목이자 구심점을 잃은 슬픔에 충격이 컸다고 할까. 그 와중에도 그분의 사랑은 남아 얼음 같은 추위를 훈훈하게 녹여주고 있다는 소식이다.

지난 2월 선종한 김수환 추기경은 이 세상에 마지막 선물로 각막을 기증했다. 인생 덕목이 될 만한 소중한 말씀들도 남기고 떠나셨다.

"머리와 입으로 하는 사랑에는 향기가 없다. 진정한 사랑은 이해와 관용 그리고 자기낮춤이 선행돼야 한다. 사랑이 머리에서 가슴으로 내려오는 데 칠십 년 걸렸다."

그 영향일까. 올해 장기 기증 뜻을 밝힌 희망자가 예상치를 훨씬 웃돌고 있다고 한다. 12월 초순인데도 지난해 전체 희망자

보다 몇 배나 많은 십팔만 명을 넘어섰다는 보도에 추운 겨울이 따뜻해진 느낌이다. 너도나도 희망을 심어주는 이웃사랑에 눈을 뜨고 있다니 반갑고도 놀랍기만 하다. '그 사람은 갔어도 그 사랑에 눈뜨다.'라는 보도를 들으면서, 추기경의 말씀과 친구가 보내온 편지의 행간行間에 숨은 뜻을 다시 곱씹어보게 된다.

벗의 수필집을 받아들고는, 함량미달이어도 깎아내리지 않고 부르는 대로 값을 쳐준 건 아닐까. 칭찬과 격려와 축하를 바라는 벗의 마음을 다 아는 친구다. "가난한 농부의 마음속 깊이 넉넉함과 기쁨을 안겨주었다네."라고 하는 것은 용기와 희망을 주려는 과찬임이 분명하다. 노점상에서는 값을 깎지 말고 부르는 대로 주라는 말씀을 솔선하고 있는 친구 J가 보인다. 땀의 진가眞價를 아는 그다. 농심에서 우러나오는 그의 너그러움과 포용에서 겸손이 느껴진다.

오늘 받은 우정의 편지가 어제까지의 나를 되돌아보고, 새롭게 거듭나는 희망의 편지가 되었으면 좋겠다. 나는 가슴으로 작품을 써서 이웃을 따뜻하게 할 수 있을까? 그동안 글쓰기의 꿈은 얼마나 이루었고, 처음의 그 열정은 식지 않았는가? 머리와 입으로만 하는 사랑에는 향기가 없다 한다.

한 해를 보내며 기대와 설렘으로 새해의 소망을 생각해 보는 하루다. 몇몇 이웃에게라도 울림으로 다가갈 수 있는 글을 쓸 수 있으면 좋으련만.

4

설한풍 불었는데

인생길은 어떤 길이며, 그 끝은 어디쯤일까. 평탄하고 좋은 길만은 아닐 게다. 일진일퇴, 희로애락, 성취와 상실의 끊임없는 반복 속에 완성되어 가는 길이 어찌 보면 값진 인생길 아닐는지. 버리고 싶은 아픈 기억들을 감춘 뒤안길은 사람마다 다를 터이다.

아찔했던 순간

새해 아침에 하얀 세상과 마주한다. 사흘간 연이어 내린 눈으로 전국이 꽁꽁 얼어붙었다는 보도에 걱정이 앞선다. 시민들의 첫 출근길에 교통이 마비되고, 농민들의 피해도 속출하고 있다는 것이다. 산에도 눈이 많이 내렸다. 폭설도 자연이 품으면 한 폭의 아름다운 그림인 듯 한라산은 장관을 이루고 있다. 하늘거리는 눈꽃이 사람들의 마음을 행복하게도 만들고, 고통스럽게도 하는가 싶어 순백의 거리에 마음이 머문다.

연초 며칠은 한 해의 소망을 바라며 새 각오를 다짐하는 날이다. 내게 올해는 무심했던 사소한 일도 소중히 여기고, 평범한 일상에도 감사하며 사는 한 해였으면 좋겠다. 새해가 시작되면

너나 없이 모임으로 바쁘게 마련인데, 편히 쉬고 있다 생각하면 이것 또한 감사해야 할 일이다. 혹한 속에서도 마음만은 너나 없이 얼어붙지 말아야 할 터인데. 눈이 많이 와서 집에 머무는 시간이 많아졌다.

부득하면 바깥출입은 대중교통을 이용한다. 안전상의 이유이기도 하지만 무엇보다 체인 감는 게 귀찮아서다. 단체모임이나 벗과의 만남도 그럴듯한 핑계를 대고 빠지기 일쑤다.

날씨가 제법 풀린 1월 초순 어느 날. 며칠 전 내린 눈이 약간 남아있어도, '괜찮겠지.' 하며 차를 몰고 나갔다. 시내 주유소 앞 작은 네거리로 다가가고 있을 때다. 신호등이 깜빡거리며 '주의하라'는 신호를 보내고 있어 차들이 느릿느릿 기어간다. 낮 모임까지는 시간이 꽤 남아 나의 마음처럼 차도 느긋하고 여유롭다. 한데 돌연 내 차 앞으로 뭔가 쓰러지는 것이 아닌가. 앗! 소리치며 브레이크를 밟은 건 무의식적인 동작. 머리가 아찔하고 가슴이 철렁했다.

"이봐! 사람 안 보여? 당신 눈멀었나?"

막말로 소리치는 건 오토바이를 타고 달리던 청바지 차림의 젊은이다. 넘어졌던 그가 오른팔을 감싸 안고 목청 높이는 것을 보니 크게 다치지는 않은 듯하다. 오토바이는 말짱하다. 사람들이 몰려들고 차들도 멈춰 선다.

"에이, 재수 없이 팔을 다쳤네! 일도 못하게 됐군. 아야, 아야야!"

스포츠머리에 까무잡잡한 얼굴을 한 음식 배달하는 20대 청년인데 첫인상이 별로다. 오토바이는 보이지도 않았기에 전혀 예상 못했던 일. 갑자기 앞질러 가려다 일을 낸 것이 아닐까. 외관상으로는 큰 탈이 없어 그나마 다행이다. 그 젊은이는 제 잘못은 하나도 인정치 않고 "며칠 동안의 일당과 치료비를 내놔라." 하며 막무가내다. 그와 한참 실랑이가 벌어지면서 마른 장작 타듯 조급한 내 마음만 타들어 간다. 쉽게 해결될 것 같지 않다.

"경찰에 신고하고, 잘잘못을 따져 책임을 지겠다."

내가 원칙대로 하겠다니 처음보다 약간 수그러드는 젊은이. 엄살을 부리며 뭔가 노리는 게 있는 것 같은 느낌이다. 예전에 '굉음을 내며 거리를 질주하는 오토바이를 조심하라.'는 얘기를 들었는데 오늘이 바로 그날인가 보다.

"젊은 총각, 팔은 괜찮은 것 같네요. 서로가 잘못 한 거 아닌가요?"

사십대쯤으로 보이는 날씬한 체격의 낯선 여인이 우리 둘 사이에 끼어들었다. 구경하던 사람들이 거의 다 가버린 그때까지 지켜보며 기다렸나 싶다. 지나는 길에 처음부터 다 보았다며 내게 살짝 눈짓을 한다. "어르신께서 치료비 좀 주고 가면 어떠시냐."고 권하는 게 아닌가. 잠깐이지만 망설여진다.

지그시 눈을 감으니 상념이 촉수를 세운다. 여인이 고맙다는 생각에 마음이 움직인다. 주머닛돈을 내주자 얼른 돈을 받아 쥔 젊은이는 내가 요구하지 않아도, 음식점 명함을 꺼내 '치료비 다 받았음'이라고 쓰고는 건네주며 히죽 웃는다. 그 능숙함과 태연함이라니!

차량사고를 가장해 보험금을 노리는 사기범 일당을 잡았다는 소식을 들은 게 며칠 전이다. 최근에 이런 비슷한 일들이 종종 발생하고 있다 한다. 선량한 사람들이 당하게 마련이어서 참으로 안타깝다. 목숨을 건 범죄에 전율하지 않을 수 없다.

눈길에서 운전자의 태만과 부주의 또한 문제다. 브레이크를 밟는 그 순간 눈앞이 아뜩했으나 그나마 다행이었다. 체인 없이 길을 나선 나의 게으름이 실수를 부른 게지. 마음고생을 독하게 하긴 했지만 좋은 경험을 쌓은 셈이다.

함박눈이 하늘하늘 나부끼고 있다. 어려운 상황에서 보기드문 여인을 만난 게 큰 축복이었다. 웬만하면 나서려 하지 않는 요즘, 못 본 체 외면하는 요즘이 아닌가. 길 가던 그 여인은 용기 있는 마음 따뜻한 여성이었다. 그런 분을 좋은 이웃이라 하리라. 여인에게 마음 빚을 지고 말았다. 잊지 말고 누군가에게라도 갚아야 할 빚이다. 멋진 여인의 체취가 떠난 후도 향기롭다. 그건 바로 사랑과 희망의 향기 아닐까. 좋은 이웃이 있어 살맛나는 세상이다. 분주한 내 마음에 그 향기 가득 스민다.

나는 믿고 싶다. 그 젊은이가 일부러 그렇진 않았을 것이라고.

설한풍 불었는데

머지않아 입춘立春. 텃밭의 눈 맞은 배추가 밥상 위에 올랐다. 검푸른 채소의 싱싱한 맛이 기차다. 입맛을 돋우는 배추쌈에 홀딱 반한다. 모양새 좋은 배추는 김장감으로 앞서 뽑혀 팔려나갔는데, 버려진 듯 팽개쳐졌던 못난이 배추가 맛으로 승부를 거나 보다. 주인이 좋아라 하니 뿌듯함이 어떠할지. 한겨울의 눈바람을 이겨내고 숱한 우여곡절도 넘어선 강한 생명력. 생의 길에서 겪은 수모와 아픔이 되레 감칠맛을 빚어내는 걸까.

못생긴 나무가 산을 지킨다고 했다. 잘생긴 나무는 미리 베어 써버리기 때문일 것이다. 진짜 고수는 뛰어난 제하지 않듯이 눈

맞은 배추가 다소곳하다.

사색을 벗삼아 산행에 나섰다. 구름 사이로 햇살이 스며드니 겨울바람도 춘풍처럼 포근하다. 고내봉오름에서 불어오는 바람이 나를 스쳐 보광사를 휘감아 돌더니 능선을 타고 흐른다. 눈앞에 펼쳐지는 채소밭에는 한겨울 푸성귀가 결곡하다. 배추와 브로콜리, 취나물과 양배추가 겁 없이 추운 겨울을 넘고 있다. 산사의 풍경風磬이 딸랑거리자, 내 인생길에 몰아쳤던 설한풍雪寒風으로 멈춰 섰던 시간들이 곁으로 다가와 아픈 소리를 내며 흔들거린다.

혹독한 눈바람이 내게 불어 닥친 때는 유신시절인 1978년 봄이었다. 삼형제가 다 공직자였던 집안이 풍비박산 났다며 친척들은 야단이었다. 맏형이 교육자로 계시다 겨우 마흔 넘기고 세상을 뜨자 때맞춘 것처럼 공무원이던 둘째 형도 실직

되었는데, 나 또한 직장에서 목이 날렸다. 봄을 시샘하듯 휘몰아치는 설한풍에 모두 눈 깜짝할 새 휩쓸려버린 셈이었다.

"당신 옆에는 아무도 없나요?"

서른 살 젊은 나이에 밥줄이 잘린 나를 보며 아내는 하염없이 울었다. 며칠 전부터 다 알고 있었는데 나만 늦게 안 것이다. 외톨이요 바보가 아닌가. 청천벽력 같은 소식에 기절초풍할 만큼 충격이 컸다. 가끔 속울음을 울며 쳐다보는 아내의 눈이 애절했다. '젊은 사람이 괜히 잘렸겠냐?'는 주위의 살천스런 눈초리는 감내할 수 없을 정도였다.

사연인즉 이러했다. 직장에서는 고구마판매사업과 관련하여 감사원의 감사를 받았었다. 이른바 '고구마 사건'이다. 감사를 받으면서도 경제상무인 나는 잘못을 느끼지 못했다. 사업이 농안법에 위배되었다며, 지도책임을 물어 군조합장 전무 상무들을 몽땅 징계해직시킨 것이었다. 회원조합도 일괄 문책을 받아, 전국에 해직자가 수백여 명이나 돼 참담했다. 나는 몇이서 함께 중앙회장을 상대로 소송을 걸었다.

자기의 신상 관련 소송, 즉 명예를 회복한다며 제기한 소송에서 진다면 어떻게 되는 것인가. "송사訟事는 이겨야 본전이고, 오랫동안의 정신적 재정적 피해가 더 크다."면서 말리는 이가 적지 않았다. 가만히 있으면 2등인데 지면 인생이 끝나는 거란다. 불안했다. 처자식이 가엾다는 생각마저 들었다. 어쩌면 내 인생의 변곡점이요 갈림길이었다.

중앙회와의 소송은 피 말리는 고통을 수반했다. 증거 자료가 거의 다 그곳에 보관 중이었고, 더구나 십여 명의 증인도 중앙회 재직선배들이었다. 어려움과 고통은 점점 더해갔다.

'기억이 안 난다.'는 증언을 재판정에서 듣고 온 날은 밤새 잠을 못 이뤘다. 가슴이 까맣게 타들었다. 알면서도 선배는 왜 그런 증언을 했을까. 이유는 나중에 알아도 늦지 않다며 스스로를 달래곤 했다.

그런 어느 날 밤 "조금만 더 힘을 내거라!"라는 그 선배의 목소리를 들었다. 영혼의 울림이었을까, 꿈속의 환청이었을까. 내심 증인이 우리 원고 쪽을 편들어 주길 바라는 나의 소망, 승소勝訴를 기원하는 간절함 바로 그것 아니었겠나.

갈등 속에서도 억척스레 장사를 하며 삼년 남짓 소송을 수행하였고, 결국 이겼다. 설한풍만큼이나 버거운 다툼이었다. 사실 국가기관인 감사원을 상대한 쟁송爭訟이었던 셈이다. 무서운 그 시절에도 법의 정의는 살아있었다. 재판장의 판단과 권위에 무한한 존경심이 우러났다. 해직 무효판결을 받은 것이다. 그날도 아내는 눈물을 흘렸다.

복직된 후, 직장은 이십 년 남짓 중책을 내게 맡겨 보람을 안겨줬다. 오직 감사할 뿐이다. 시간이 여유로워진 요즘, 가끔 산행을 할 때면 지나온 날을 되돌아보게 된다.

인생길은 어떤 길이며, 그 끝은 어디쯤일까. 평탄하고 좋은 길만은 아닐 게다. 일진일퇴, 희로애락, 성취와 상실의 끊임없는 반복 속에 완성되어 가는 길이 어찌 보면 값진 인생길 아닐는지. 버리고 싶은 아픈 기억들을 감춘 뒤안길은 사람마다 다를 터이다.

> 세월 따라 걸어온 길, 멀지는 않았어도 돌아보니 자욱마다 사연도 많았다오. ~ ~
>
> 잃어버린 지난 세월, 그래도 후회는 없다. 겨울로 갈 저 길에는 흰 눈이 내리겠지.

겨울 산행길에 흐르는 국민 애창곡 〈길〉, 구성진 노랫소리가 심금을 울린다. 덩달아 채소밭 푸성귀가 바람결에 한들댄다. 고통과 슬픔이 두텁게 깔린 길에도 희망의 햇볕은 분명 찾아들리라. 설한풍 지나고 구름 걷히는 사이 얼마의 기다림이야 필요하겠지만.

후회 없는 인생길을 걷고 싶다. 흔들림 없는 아름다운 모습이었으면 좋겠다.

우리 집 제비둥지

갑자기 비가 쏟아진다. 시원한 빗줄기가 반갑다. 동네 잔디광장에는 우산 없이 비를 맞으며 장난치는 젊은 남녀들이 눈에 띈다. 그리도 즐거울까. 젊음이 참 부럽다.

요즈음 아내의 얼굴에 웃음꽃이 만발하다. 초여름, 제비 떼가 동네에 몰려온 것이다. 아들네도 덩달아 좋아한다. 우리가 집짓고 이 동네로 이사 온 지는 몇 년이 안 됐지만, 그때를 생각하면 지금도 가슴이 저렸다 뛰었다 요동친다.

몇 해 전, 자재와 목수 등 모든 걸 직접 조달하기로 하고 집 짓는 일을 시작했다. 시 외곽지역의 땅을 집터로 잡았다. 남이 지은 집에서 살아온 경험을 살려 평생 안주할 집을 짓기로 한 것이다.

집 짓는 고충은 예상보다 컸다. 도급都給을 주지 않고 집을 손수 짓느라 고생을 톡톡히 맛보았다. 얼마나 힘이 들었던지. '집은 사서 살라.'는 말뜻을 이제야 알 것 같다. 집을 짓는 동안 아내의 머리가 더 희끗해졌다. 투덜대며 얼굴을 붉힌 적이 한두 번이 아니었다.

"당신 너무하는 것 아닌가요? 전혀 관심도 없고……."

생각할수록 후회가 막급했다. 건축공사가 내게는 비전문분야라 잘 모르기도 했지만, 아내 뜻에 맞추는 게 더 어려웠다. 친구에게 의견도 듣고 시청에 찾아가 자문도 들으며 정성을 기울였다. 무관심이 때론 약이 된다고 아내를 달래며 견뎌낸 지독한 한 해였다.

마당에 조그마한 꽃밭도 들어섰다. 집 짓고 이사하니 그만큼 기쁨이 더 컸다. 남들의 부러움을 샀다. 아내는 며칠 밤잠을 설쳐도 지치지 않고, 끼니를 걸러도 배고프지 않은 듯했다.

우리 동네는 신도시 외곽에 인심 좋기로 소문난 지역이다. 살면서 좋은 이웃과 사귄다는 건 즐거움이 아니겠는가. 처음엔 신경 쓰이고 쑥스러운 것이 없지 않았으나, 시간이 흐르면서 불편함은 없어지고 모든 것들이 친숙해졌다. 단란한 가정을 이루는데 동네인심과 주거환경도 한몫한다는 말이 맞지 싶다.

여름철 새벽을 알리며 상쾌한 아침을 여는 녀석은 제비다. 집

앞 전선줄에는 때를 만난 제비들이 시끄럽다. 먹이가 풍성한 계절이어서 제비들이 벌레사냥으로 무척 바쁜가 보다. 지저귀는 소리가 하루 종일 야단스럽다.

"여보, 밖으로 나와 봐요. 제비가 둥지를 틀고 있어요."

어느 날, 아내의 기쁜 목소리가 들려왔다. 얼른 나가보니 일층 지붕 밑 높은 구석에 제비가 집을 짓고 있었다. 꽃밭과 주차장이 있는 앞마당은 공간이 약간 여유롭다. 둥지를 트는 곳은 뜰이 한눈에 내려다보이는 좋은 곳이다. 감각신경이 예민한 제비이니 사람이 택지宅地 고르듯 신중을 기했는가 보다.

가족들의 관심이 제비에게 온통 쏠렸다. 수직절벽 같은 곳에 둥지 트는 게 성공할까. 열심히 진흙과 지푸라기를 운반한다. 젊은 한 쌍의 부부제비가 정성을 다하고 있다. 땅 바닥에도 자동

차 위에도 제비똥과 흙 부스러기가 난잡스럽다. 둥지를 짓는 제비를 보노라면 절로 입이 벙긋 벌어진다.

둥그스름한 모양을 틀기 시작해 일주일쯤 지나니 둥지가 완성되었다. 그날은 제비부부의 지저귀는 소리가 꽤나 요란했다. 둥지를 완성한 젊은 부부의 기쁨이 컸나 보다. 날갯짓도 유별났다. 우리도 집을 짓고서 저렇게나 기뻐했을까.

제비는 집안에 행운을 가져오는 길조吉鳥라 한다. 9월 9일 중양절重陽節에 강남에 갔다가 3월 3일 삼짇날에 돌아오는 제비. 수數가 겹치는 날에 갔다 수가 겹치는 날에 둥지로 돌아오는 총명한 영물이다.

인간에게 집이 그러하듯, 둥지는 제비뿐만 아니라 새들에게 없어서는 안 될 보금자리다. 비바람 등 악천후나 천적으로부터 보호해주고, 알을 낳아 새끼를 길러 종족을 보존하게 해주는 곳이다. 그러하니 둥지가 얼마나 소중하겠는가.

놀랍게도 사람 사는 집 한 채에 제비는 한 개의 둥지만을 튼다. 구역이 정해지니 제비들 간에는 싸움질하는 일이 드물다. 귀소성歸巢性이 강해 집을 다시 찾아오며, 낡은 둥지도 고쳐 사용한다. 시간과 노력을 절약하는 게 퍽 합리적이다. 해마다 돌아오기에 사람들이 친밀감을 더 느끼게 되나 보다. 한 가족처럼.

오늘도 아내는 제비둥지를 쳐다보고 싱글벙글 웃는다. 어린 손녀도 제비집을 가리키며 좋아한다. 제비가 이런 기쁨을 주리라 생각이나 하였으랴. 온 가족이 좋아하는 모습에 나도 덩달아 기쁘고 흐뭇하다.

비가 추적추적 내린다. 장마를 알리는 비다. 제비들은 우산이 없어도 좋으리라. 집이 있고 젊음이 있으니까.

토성 밖에 샘물 있었네

유월 초순. 이른 여름 날씨 치고는 무덥다. 들판엔 보리 마늘 수확이 막바지다. 가뭄이라 할 만큼 계속되는 청명한 날씨가 농부들에겐 얼마나 반갑겠는가. 논농사에는 강수량이 부족하여 꽤나 걱정일 테지만.

항파두리 가는 숲길에 들어서자 시원해지는 느낌이다. 맑은 기운이 온몸을 파고든다. 우거진 소나무, 한들거리는 무성한 잡초, 돌담에 기어오른 파란 넝쿨, 형형색색의 들꽃들이 이채롭기 그지없다. 인동초도 호국보훈의 달 유월을 기리는 듯이 때맞춰 꽃을 피웠다. 살짝 코끝을 스치는 꽃내음이 향기롭다.

보슬비가 메마른 땅 적시듯 숲은 인간의 마음을 촉촉하게 해

준다. 사색을 선물하는 숲길이 있어 더욱 좋다. 올레길 따라 결사호국과 제주의 애달픈 역사, 고려시대 삼별초의 발자취를 찾아 걷고 있다. 조금 걸으니 토성인 항파두성이 보인다.

이 성은 십삼 세기 말엽 몽골의 침략에 맞서 끝까지 항거한 고려무인의 정서가 서린, 삼별초군의 마지막 보루였던 항몽 유적지다. 성의 좌우로 소왕천과 고성천이 있어 지형적으로도 군사요충지로 그만이었나 보다.

항파두성은 수십만 평의 타원 모양을 갖춘 드넓은 곳이다. 삼별초의 호국정신을 높이 평가하여 그들의 넋을 기리고자 1970년대 말 정부에서 여기에 항몽순의비를 세웠다. 칠백여 년 동안 헤매던 넋이 민족사에 햇빛을 보게 된 것. 이후 연차사업으로 토성 일부를 복원해 오늘에 이르고 있으며, 지금도 계속되고 있다. 국가 지정 사적지다.

더위를 날릴 겸 바람 부는 항파두성 위에 올랐다. 남쪽으로는 우뚝 솟은 한라산이요, 북쪽에는 시원한 바다다. 눈앞이 훤하다. 주변은 듬성듬성 나무숲이지만 멀리서도 성이 보일 정도로 지대가 높다. 성 위를 걸으며 옛 항몽의 자취를 더듬는다.

일찍이 유럽과 아시아 대륙을 거의 정복한 몽골은, 고종 때부터 삼십여 년 동안에 일곱 차례나 고려를 침략하였다. 조정에서는 몽골군을 상대로 강화도로 천도하며 저항했으나 원종에 이르러 마침내 굴복, 개경으로 환도하고 말았다. 그 분통함이야 오죽

했으랴.

이에 삼별초군은 배중손 장군을 중심으로 강화도에서 대몽항전을 결의하여 싸움은 계속된다. 이후 진도의 용장성을 근거지로 항전하지만 여몽연합군에 성이 함락되고 배중손 장군마저 전사한다. 그러자 김통정 장군이 잔여부대를 이끌고 원종 12년(1271) 탐라에 들어와 항파두리에 토성을 쌓고 항전준비를 한다. 이 성은 흙으로 쌓았음에도 지금까지 원래 모습을 잃지 않고 있다. 그들의 기개를 보여주려는 듯이.

탐라 제주에는 돌과 바람이 많다. 그런데 왜 견고한 석성石城이 아닌 토성을 쌓았을까. 성을 쌓는 병사와 민초들의 고충을 헤아린 것일까, 아니면 다른 사연이 있었을까.

바람이 제법 세다. 성 주위의 흙먼지가 뿌옇게 바람 타고 흩날린다. 아랫마을이나 바다 쪽에서도 먼지 날리는 광경이 환히 보일 것 같다.

삼별초군은 지역 주민에게서 세금을 거두지 않았다. 대신 재[灰]와 빗자루를 받아, 토성 위에 재를 뿌리고 말꼬리에 빗자루를 매달아 먼지를 일으키며 달리게 했다 한다. 고개가 끄덕여진다. 아, 그랬었구나! 재 뿌린 토성, 달리는 말에 바람이 말갈기 흩어 올리면 구름처럼 먼지가 일었으리라. 적은 병력으로 삼 년 가까이 버텨낸 작전, 수많은 병사들이 훈련하는 것으로 착각하도록 한 오묘한 그 위계僞計가 놀랍다.

드디어, 원종 14년 김방경 장군과 몽골 장수 홍다구가 이끄는 여몽연합군이 탐라정벌에 나섰다. 삼별초보다 무려 열 배가 넘는 군사와 배를 동원한 총공격이었다. 삼별초군은 겨우 천 명 남짓한 군사로 처절하게 싸웠으나 결국 패하고 말았다. 삼별초 용사 전원이 순의殉義한 것. 이로써 항쟁은 그해 사월에 막을 내렸다. 하지만 세계강대국 몽골군과 맞서 끝까지 목숨 바쳐 항쟁함으로써 고려무인의 기상과 자주호국의 결의를 만방에 드높인 것이다. 옷깃이 여미어진다.

그 항쟁 이후, 공민왕 23년(1374)까지 몽골의 백 년 제주 점거는 엄청난 수난이었다. 찢겨지고 할퀴어진 그 상처. 몽골의 오랜 핍박에 민초들은 얼마나 많은 아픔과 희생을 겪었던가. 당한 수모 또한 얼마였던가. 반면에 낙후 고립됐던 섬은 고려의 개경문화와 앞선 세계문화가 도입되는 바람에 제주문화의 한 전기轉機가 되었다.

어느새 정오를 훌쩍 넘어섰다. 더위에 목말라 물을 찾아 나서니 '구시물' 안내판이 눈에 띈다. 울창한 나무와 넝쿨이 얽혀진 성 북쪽 기슭, 인동초꽃 핀 길가에서 샘물을 찾아냈다.

"와아~! 찾던 샘물이 여기 있네!"

시원스레 솟아 흐르는 샘물, 탄성이 절로 난다. '마시지 말라.'는 경고에도 불구하고 한 모금 마시자 물맛이 그만이다. 꽃향기가 물에 번져서일까. 용천수인 이 구시물은 지역민의 생활용수요, 삼별초의 식수원이었다. '구시'란 나무나 돌로 수로를 파 만

든 것을 말하는데 성밖인데도 구시까지 만들어 보호 관리를 아주 잘해온 것이다.

아무리 가물어도 마르지 않는 질 좋은 생명수, 그 소중함을 어디에 비기랴. 그런데 이 샘물을 토성 밖 기슭에 그대로 두다니. 성안에 샘물이 터 잡도록 성을 바깥으로 쌓아 병사들 이용에 편리하게 하는 것이 당연했을 터인데. 누구나 물을 쓸 수 있게 성밖에 둬 개방해 놓은 것이다. 토착민을 어떻게 배려했는지 가히 짐작이 된다.

하천이나 물가 인근에 마을이 형성되었듯 당시 물은 참으로 귀했을 터다. 삼별초군은 돈이나 쌀 대신 재와 빗자루를 거뒀고, 샘물도 마음대로 쓰게 했으니 크게 주민의 호감을 샀으리라. 그 때도 지금처럼 주민과의 소통은 매우 중요했을 것이다. 아낙네들은 샘터에서 온갖 소식을 들으면서 바깥세상 정보도 얻고 상호간에 소통을 이뤘지 싶다. 어째서 토착민들이 삼별초의 항쟁에 동조하고 도와주었는지 알 것 같다.

외세의 억압과 변방이라는 홀대 속에 인고忍苦의 세월을 말없이 지나온 제주섬. 역사는 생명력을 충전시켜 주며, 삶을 뒤돌아보게 하고 올바른 길을 가도록 손짓한다. 한데 항파두성은 말이 없다. 흘러간 세월의 상처와 슬픔을 품안에 오롯이 간직한 채.

아픈 마음 달래주려는가. 숲길에 꽃향기만 그윽하다.

느림의 향기

한 치 앞도 내다보기 힘든 세상이다. 하루가 다르게 새로운 정보와 지식이 억수같이 쏟아진다. 질주하는 세월 속에 삶이 변해가고 있다.

젊은이처럼 변화에 적응하기란 쉽지 않다. 휴대전화만 해도 그렇다. 직장 다닐 때 구입한 휴대전화는 사용한 지 꽤 오래됐지만, 나는 기껏해야 전화를 주고받거나 문자 메시지를 전송할 정도이니 그 기능도 다 활용 못하고 있다. 그래도 그게 없으면 잠시도 못 살겠다며 애지중지하고 있으니 변화를 외면하고 살 수는 없나 보다.

가끔 가족들은 나를 고지식하다고 놀려댄다. 휴대전화를 최신기기最新器機로 바꿨다며 자랑해도 내가 무관심해서다. 워낙 변화에 무딘 성격 탓도 있지만 익숙한 것은 아까워 버리지를 못하는 탓도 있다. 번호 변경으로 지인들에게 줄 번거로움에 대한 염려도 조금은 작동했을 것이다. 어쨌든 아직 큰 불편이 없으니 구식 모형이면 어쩌랴.

그런 와중에 뜻밖의 행운(?)을 만났다. 옛 전화번호 그대로도 교환해주고 있다는 친구의 말에 솔깃해 따라갔다가 최신형 제품을 횡재한 것이다. 전화기를 열면 감미로운 음악이 들리고 화면에 '기분 좋은 변화'라는 글귀가 뜬다. 내 마음까지 읽고 있는 것 같다. "공짜라면 양잿물도 마신다."라는 속담이 생각나 피식 웃었다.

문제는 사용법이 예전과 달라 애를 먹는다는 점이다. 모형이나 색상이 예뻐서 손에 들고 폼을 재지만, 구형에 대한 아쉬움을 떨쳐버리지 못하고 있다. 신형이 곧 손에 익을 테니 걱정 말라며 나 자신을 달랠 수밖에. 더구나 전화기는 물에 젖으면 기능이 마비되지 않던가. 산책 중에 소낙비라도 갑작스레 덮치는 날이면 곤혹스러워진다. 옷이야 젖어도 괜찮지만 소중한 전화기 때문이다.

어느 날이었다. 모처럼 비가 갠 오후. 산책길을 한참 걷노라니 노송老松이 시원스레 가지를 드리운 숲길에 들어섰다. 비가 오다 그친 숲 속은 한적했다. 나무 밑 벤치에는 한 노인이 혼자 앉아 있었다. 얼핏 외로워 보이나 여유로운 모습이었다. 나뭇가지에는 우산도 걸려 있어 그림 같은 풍경을 연출하고 있었다.

한참 후 숲길을 되돌아 내려오다 보니 벤치에 앉았던 노인은 보이지 않고, 우산은 소나무에 그대로 걸려 있었다. 잊고 갔는가 보다. 호기심에 그 우산을 펼쳐보았다.

우산살이 튼실한 장우산이었다. 빛이 약간 바랜 1단의 반자동 우산. 무늬는 없어도 검정색과 파란색이 어우러져 햇볕도 가릴 수 있는 것이었다. 옛적에는 우산도 부를 상징하는 물건에 속했다. 더욱이 옛것에는 세월의 향기도 배어있는 법이다. 구식이어도 그 모양새가 노인의 인품을 생각하게 했다.

다음날도 그 숲길을 걸었다. 한 시간 남짓 걷고 돌아오는데 비가 쏟아지기 시작했다. 아, 이걸 어쩌나! 오직 휴대전화 걱정뿐. 우산 없이 나선 게 후회막급이었다. 휴대전화를 감싸쥐고 숲길을 뛰었다. 달리다 보니 소나무에 그 우산이 걸려있는 게 아닌가. 그리 고마울 수가 없었다. 낡은 우산이 비에 젖을 뻔한 휴대전화를 아슬아슬하게 구해준 것이다.

이튿날, 그 우산을 갖고 그곳에 가보니 한 노인이 벤치에서 쉬고 있었다. 왠지 반가웠다. 고마운 인사를 하자 노인이 황당해 했다. 나의 지레짐작이었을 뿐, 우산은 당신 것도 아니며 거기 걸어놓는 분은 당신이 아니라는 것이었다. 의미 있는 눈빛으로 나를 보며 “나이 지긋한 어느 분이 그러더라.”라고 했다.

우산 임자는 다른 어느 분이라고? 무슨 사연이 있는지 모르나 따뜻하고 맑은 영혼을 지닌 분이 아닐까. 궁금증을 남긴 채 우산을 걸어 두고 내려왔다.

집에 와서도 그 일이 떠올라 한참을 상념에 잠겼다. 빛바랜 우산이 그리도 빛나게 쓰일 줄이야. 구식이어도 살이 튼실해 가능했으리라. 그것을 알아주는 누군가가 있기에 궂은 날씨에 긴요하게 쓰이고 있는 것이렸다. 산책객을 위한 그분의 알뜰한 배려 같아서 마음이 뭉클하고 머리가 절로 수그러졌다.

아쉽게도 변화라는 명분 아래 유용한 것들이 마구 버려지고 있다. 옛것도 활용하기 나름이라 했지 않나. 때와 장소 그리고 씀씀이에 따라 효용가치가 달라지기 마련이다. 빛은 바랬어도 쓸모 있는 그 우산처럼.

조기퇴직이 유행처럼 번져 걱정스럽다. 능력이 있어도 옷을 벗어야 하는 현실이라니. 수명이 길어지고 출산율은 감소하고 있음에도 유능한 인재들까지 일찍 떠나가고 있으니 안타깝기만 하다. 어디 사람뿐이겠는가. 마치 새것은 모두 최고라는 분위기다. 앞만 보며 달리느라 옛것의 가치를 망각하고 있는 것은 아닌지.

우리네 삶은 순간순간이 더없이 소중하다. 그 속에서 서로 배려하고 보듬으며 어우러져 산다는 것은 아름다운 모습이다. 어쩔 수 없이 변화의 물결을 타고 살아가야 하지만, 삶은 서서히 변해가야 멋스럽고 여유로워진다. 느림의 향기다.

빛바랜 우산을 걸어둔 그분을 만날 수 있을까. 어떤 분인지 참 궁금하다.

어느 메밀국숫집 풍경

작열하는 태양은 도심을 용광로처럼 달구고 있다. 부산 연안부두에서 멀지 않은 골목길에 들어섰다. 중앙동 뒷골목은 옛 풍치 그대로다. 국숫집을 찾아 더위를 견디며 걷고 있다.

팔월 하순. 해마다 이맘때면 나그네 길 떠나듯 여행길에 오른다. 틀에 박힌 일상에서 벗어나 변화와 활력을 찾고 싶어서다. 추억을 쌓으면 마음 또한 흐뭇해진다. 벗들이 올해는 거제도에서 모인다. 기회를 놓칠 수 있으랴. 뱃길은 부산에서 장승포항이 가깝다.

부둣가에서 만난 글벗이 메밀국수나 한 그릇 하고 가자는 제

안에 선뜻 따라나선 것이다. 제주를 나선 일행은 여럿이다. 살갑게 반겨주며, 점심 사겠다는 부산 문우文友가 무척이나 고마웠다. 맛 좋기로 소문난 메밀국숫집이 뒷골목에 있다 했다.

어쩌다 '메밀국수'라는 말만 들어도 군침이 돈다. 나처럼 모두 메밀국수가 먹고 싶다는 것을 보면, 어릴 적 입맛은 버리지 못하는가 보다.

어린 시절, 고향에는 들판을 하얗게 수놓는 메밀꽃이 팔월 하순부터 지천으로 피어 구월이면 절정이었다. 집집마다 메밀농사를 지었다. 명절이나 기제忌祭 때는 빙떡이나 메밀묵을 제물로 상에 올렸다. 메밀은 고산지대에나 가뭄에도 잘 자라 구황작물救荒作物로도 많이 심었다. 그래서 형편이 어려웠던 시절에도 메밀 음식을 먹을 수 있었다.

해가 바뀌어 음력 정월 초사흘, 그날에는 여인네들이 보름달 같은 메밀떡을 정성스레 만들어 서낭당인 본향을 찾는다. 자식들의 무사안녕을 빌기 위함이다. 어머니들이 거의 다 그랬다. 가족의 한 해 운수를 듣고 와서는 아들딸에게 '조심하라'는 등 당부를 잊지 않는다. 그러고는 맛있는 그 떡을 동네에 나눠먹는다. 예로부터 내려온 삶의 한 풍속이었다. 토속신앙이요, 세시풍경歲時風景이라 하리라.

오늘 찾은 메밀국숫집은 생각보다 조붓했다. 허술해 보이나 '오십 년 전통의 맛'이라는 벽걸이가 눈길을 끈다. 약간 이른 시

간이어서인지 한가하다. 그제야 에어컨을 켜고 선풍기를 틀며 호들갑이다. 시원해지려면 시간이 걸리니, 땀 흘리며 별러 찾아간 입장에선 국숫집이 좀 별로라는 기분이 든다. 곧이어 점심손님들로 음식점은 바빠졌다.

도시락만한 대나무 그릇에 메밀국수를 얹혀 내왔다. 어릴 적 먹던 메밀국수와는 다르다. 무즙과 매콤한 와사비에 살얼음이 살짝 낀 장국이 상에 오른다. 반찬으로 단무지 약간에 식초는 덤이다. 입맛에 맞게 적당히 국에 풀어 적셔 먹으면 그만이다. 침이 꼴깍 넘어간다. 옆에 앉은 선배가 맥주나 한잔하자며 주문한다.

"주인양반! 시원한 맥주와 소주 한 병만 줘요."

"정말 죄송합니다. 술은 취급치 않아서."

종업원은 당황해 하는데, 주인은 빙그레 웃을 뿐이다. 술을 주문한 손님인 우리가 머쓱해진다. 음식점에 술이 없다니! 주인의 웃음은 또 뭐란 말인가. 그 웃음이 꽤 흥미롭다. 송구스러워하는 느낌이 전혀 없다. 선배는 그게 못마땅한 표정이다. 한데 이를 달래주기라도 하듯 시원한 국수 맛이 끝내준다.

따뜻한 장국에 찬 기운의 메밀국수를 넣고 양념으로 시큼 매콤함을 더했다. 찰떡궁합이다. 서늘한 기운의 대나무 그릇까지 동원했다. 맛나고 시원할 수밖에 없잖은가. 모두의 얼굴에 웃음꽃이 활짝 피었다.

어째서 술은 취급 않는 걸까. 저마다 펼치는 논리가 그럴듯하다. 어느 분은 "분식점이라 그러겠지."라며 수긍하는 눈치다. 옆 친구는 조그만 식당에 손님이 몰리니 그럴 수밖에 없을 것이라 한다. 술자리가 길어지면 문제라는 것이다. 또 다른 친구는 주인이 술을 싫어하는 때문이 아닐까 고개를 갸웃한다.

옆 좌석에서도 술을 주문했다가 거절당했는지 시끌벅적하다. 우리의 화제에 관심을 보낸다. 술안주를 준비해야 하니 번거로워서라는 불평의 소리다. 솔깃한 억측까지 동원돼 더위에 불을 지핀 듯 분위기를 돋우고 있다. 추억에 남을 풍경이다.

들을수록 서로의 주장이 사뭇 다르다. 똑같은 사안을 놓고도 보는 느낌과 판단에 거리감이 있다. 자기가 경험하고 보고 듣고 기억하는 것이 남의 그것과 확연히 다를 수 있으니까. 합리성만이 판단기준의 전부는 아니다. 여행길에서 새삼 절절히 느낀다. 경험이나 기억은 판단에 적잖은 영향을 미친다는 것을.

'술 없는 음식점'을 대물림해온 주인의 웃음을 떠올린다. 오랜 전통의 음식문화라는 데 그 답이 있으려나. 벽걸이 글처럼 전통을 소중히 여김을 첫째로 꼽고 있다. 주인은 머리가 아니라 경험으로 판단하고 마음으로 받아들이고 있음에 틀림없다. 맥주와 메밀이 음식궁합에는 안 맞아서일까. 혹여 막걸리라면 어떨지.

우리의 음식문화가 최근 세계로 빠르게 보급되고 있다. 전통은 소중한 것이다. 메밀국숫집에서의 술 이야기가 화근火根인 듯 내 마음은 아직도 뜨겁다. 고향 들판엔 지금쯤 하얀 메밀꽃이 피기 시작했을 터인데.

사랑의 자물쇠

러시아를 찾은 나그네를 반김일까. 흰구름을 한층 하얗게 하는 높고 푸른 하늘과 살랑대는 산들바람이 심신을 부드럽게 한다. 더운가 싶은데 온몸은 상쾌하다. 햇볕이 강렬해도 수려한 풍광에 더 끌리고 보니 때늦은 더위쯤이야. 수도원과 호수가 함께한 모스크바 시내 중심의 노보데비치 호수공원을 거닐고 있다.

약간 비탈진 언덕 아래서 호수 건너 바라본 수도원. 호수와 조화를 이뤄 아름답다. 이 노보데비치 수도원은 16세기 모스크바대공 바실리 3세 때 건축된 여자수도원이다. 노보데비치란 '새로운 또는 거듭난 처녀'란 뜻이란다. 지금은 박물관으로 쓰이고 있지만 당시 전쟁 중에는 요새의 역할을 겸했으며, 명문귀족의 자녀가 은둔 혹은 유폐됐던 곳이다. 호수와 언덕이 있어 천혜의 조건을 갖추었기에 그랬지 싶다. 17세기 말 피터 대제大帝가 자기에게 반기叛旗를 든 여동생 소피아 공주를 이곳에 유폐시킨 이후 수도원이 호수와 더불어 유명해졌다 한다.

호수는 세월 저편의 아픔을 벌써 잊은 듯 평온하다. 무성하게 가지를 드리운 수양버드나무에 기대앉은 낚시꾼이 조는 듯 한가롭다. 물 아래 비친 수도원 그림자를 품은 호수공원의 경관은 미처 몰랐던 숨겨진 보석이랄까. 호숫가를 거닐며 바라보는 풍경이 나그네를 한껏 유혹하고 있다. 한 폭의 그림 같다. 차이코프스키가 호숫가에서 헤엄치는 백조를 보고 영감을 얻어, 불후의 명작 〈백조의 호수〉를 작곡했다는 바로 그 호수다. 백조의

호수라고도 불린다. 하지만 백조가 안 보여 안타깝다. 물 위에 떼 지어 노는 청둥오리들만이 내 속내를 아는 듯이 그 아쉬움을 달래주고 있다.

“야아, 이건 자물쇠가 아닌가!”

호수의 작은 다리를 건너다 무심코 탄성이 쏟아진다. 모스크바 강으로 연결되는 아름다운 호수와 다리 난간에 주렁주렁 매달린 자물쇠. 눈을 똥그랗게 한다. 이색적인 모양새다. 이 다리가 만남의 다리요, 자물쇠는 ‘사랑의 자물쇠’라 했다. 언제부터 전해오는 얘기인지 모르나, 여기서 만나 맹세를 하고 자물쇠를 걸면 영원한 사랑이 맺어진다는 것이다.

퍼뜩 〈사랑의 밧줄〉이라는 노래가 머릿속을 스쳤다. 사랑하는 연인이 못 떠나도록 “사랑의 밧줄로 꽁꽁 묶어라.”라는 노랫

말처럼 너무나 사랑하기에 밧줄로 묶어 두고 싶다는 가요다. 국내에서 요즘 뜨거운 호응 속에, 남녀노소 너나 없이 부르고 있다. 사랑을 밧줄에 묶어 둘 수 있을까. 절절한 그 마음 오죽하겠는가.

잔잔히 출렁이는 물결이 마음의 창가로 밀려들고 있다. 사랑의 밧줄이 아니라 '사랑의 자물쇠'라면 그 사연이 심각한 것이다. 밧줄은 쉬 풀 수도 있고 비바람에 절로 끊어질 수도 있을 터. 한데 쇠로 만든 자물쇠라니! 사랑하는 사람을 영원히 묶어두고 싶은 인간의 본성일까, 사랑의 지나침일까. 젊은 연인들 말고라도 그것을 매달게 된 간절하고 절박한 이유가 또 있음직하다. 이곳 호수공원 다리 난간의 자물쇠에 얽힌 민담이 언제 어떤 연유로 떠돌게 됐는지는 분명치 않다. 파아란 하늘로 사유의 나래를 띄울 뿐이다.

부모의 사랑보다 더한 사랑은 없다 한다. 세상 어디에 그런 사랑이 있겠는가. 저편에 보이는 수도원은 수백 년 전 명문귀족의 자녀들이 은둔했거나 유폐됐던 곳이다. 사랑하는 자녀를 수도원에 보내야만 했던 부모의 마음은 어땠으랴. 호수 건너편을 바라보는 그들의 모습이 보이는 듯하다. 못난 자식이지만 여기를 이탈하면 죽음뿐임을 아는 부모다. '곧 지나갈 거야. 참고 견뎌야 한다'는 애타는 소망을 담아 자물쇠를 눈물로 매달지 않았을까.

또한 무시 못할 게 형제애다. 핏줄이 같은 혈육이라면 그 사랑이 어떠할지 짐작이 간다. 팔은 안으로 굽고, 피는 물보다 진하다는 말도 있잖은가. 역모에 가담한 여동생 공주를 유폐시킨 황제가 떠올라 가슴이 답답해진다. 수도원을 빠져나가 반역의 무리에 합류하면 죽일 수밖에 없어 걱정했을 오빠. 나라를 다스려야 하기에 황제는 그녀의 참회와 용서만을 간구懇求하며 부득불 자물쇠를 채웠을지 몰라.

호숫가 풍경에 다시 눈길이 멈춘다. 여길 찾은 이라면 이토록 빼어난 호수공원의 아름다움은 놓치고 싶지 않았을 것이다. 호수의 자연경관을 영원히 간직하고 싶었기에, 후손대대로 물려주고픈 욕심에서 사랑의 자물쇠를 걸지 않았을까. 본향本鄕인 자연에 대한 인간의 원초적 본능에서 누군가 분명 그랬을 것만 같다.

한 포기의 풀과 나무, 발끝에 부딪히는 돌멩이 하나에도 저마다 사연이 있게 마련이다. 작은 씨앗에서 솟아나 긴 세월 스쳐갔던 계절의 변화를 다독이며 자란 한 그루 나무와 풀, 억겁의 시간 비바람에 깎이고 굴러 이 땅에 자리 잡은 한 덩이 돌멩이, 자연 속의 어느 하나도 그냥 지나치거나 허투루 볼 게 아니다. 인간도 자연의 한 조각임에랴. 호수공원이 오늘도 삶에 지친 우리를 포근히 품어주고 있다.

호숫가를 거닐며 상념에 잠긴다. 사랑의 자물쇠가 내게 주는 의미는 무엇인지.

소철이 끄떡없네

비바람이 무섭게 휘몰아친다. 태풍이 혀를 날름거리며 제주 섬을 다 삼킬 듯하다. 나무가 부러지고 섬은 온통 물에 잠겼다. 이미 이곳저곳을 휘젓고 할퀴며 농작물까지 작살냈고, 항만시설과 건물에도 큰 타격을 입히고 있다는 뉴스다. 예상했던 것보다 피해가 훨씬 심각할 것 같다. 빨리 지나가기만을 바랄 뿐. 밤새 잠을 설쳤다.

아침 햇살이 창가로 스민다. 눈을 비비며 마당으로 나갔다. 동녘 하늘에 늦여름 태양이 반짝거린다. 조붓한 뜰에는 지난밤의 두려움을 말해주듯 널브러진 나뭇가지와 화초들 모습이 추레하다. 강풍에 시달렸던 먼나무도 목련도 감나무도 가지가 꺾였다. 생채기가 난 나무에 닿은 손길, 싸한 아픔이 가슴을 헤집는다. 한데 나의 눈을 휘둥그레 만든 것은 소철이었다. 녀석만 홀로 탈이 없는 게 아닌가! 말똥말똥 나를 보는 소철이 지난 일을 되작이게 한다.

몇 년 전, 살림집을 짓고 양지바른 마당 한쪽에 화단을 만들었다. 구상나무, 목련 등 관상묘목을 심고 화초도 곁들였다. 행운을 가져온다는 소철도 정성을 쏟아 심었다. 정원이라기엔 뜰이 약간 좁았지만, 꾸미고 나니 제법 아담했다.

해가 몇 번 바뀌고 얼마 지나자 예기치 못한 고민이 찾아들었다. 덩치를 키우는 소철이 문제였다. 볕바르고 땅심이 좋아서였을까. 잎이 사방으로 젖혀지며 검푸르고 싱싱하게 자랐다. 옆 화초들에게 큰 지장을 줄 만큼 날로 달로 쭈욱 쭉 잎을 뻗어내며 상당한 공간을 차지하는 것이었다. 모른 체하기엔 심각했다. 어느 봄날, 녀석을 바라보며 '뽑아 던져버려야겠다.'고 냉정하게 마음을 다잡았다. 그러자 봄바람에 설레설레 고개를 젓는다.

"이건 뭔가 잘못된 거야. 나를 심을 땐 언제이고, 이제 뽑아버린다니!"

눈치를 챘나 보다. 녀석을 거스르는 게 마뜩잖다. 그래, 깜빡했군. 내가 원해 심었던 것이다. 던져버린다면 뒤끝이 만만치 않겠다. 맞다! 성장을 억제하는 길을 찾으면 되는 거야. 버리기엔 아깝다 싶기도 하여 마음을 다시 고쳐먹었다. 그래서 작년

초봄 녀석을 뽑아 화분에 옮겨 심어 그곳에 두었다.

한동안 마당에 나가면 소철이 눈길을 끌었다. 미안한 마음이 앞선 탓일까. 화분에 간혹 흙을 넣어주고 물을 뿌려주며 관심을 보였다. 아니나 다를까 성장세는 약하나, 분盆에 나름대로 활착해 걱정을 놓았다. 그 후로는 별반 관심을 두지 못했다. 그런데 오늘 아침, 녀석이 퍽이나 의젓한 자세로 나를 대면하고 있잖은가. 태풍에도 끄떡없다니 놀랍기 한량없다. 오래오래 산다는 소철나무, 볼라벤의 격랑을 견뎌내느라 얼마나 힘들었으랴. 열악한 환경일수록 생명체는 강해진다고 했다. 화분이 통째로 나뒹굴어 박살날 만도 한데, 녀석의 생존비법은 무엇일까. 궁금증이 곁가지를 치듯 커간다.

꽃밭 주변을 유심히 둘러봤다. 소철이 예전에 하늘로 향했던 잎들을 다소 밑으로 늘어뜨려 화분 둘레의 공간을 둥그렇게 차지하고 있었다. 주어진 환경에 순응해 일 년 남짓한 시간을 보내며 아랫몸통의 기다란 잎을 땅으로 낚싯대처럼 드리웠나보다. 주인에게 상처받고 나서 훗날 닥쳐올 걱정스런 상황을 예견한 준비라면 참으로 경이롭다. 둥근 모형을 이루며 돋아난 잎의 간격이나 개수마저 맞춰 놓은 듯 앞뒤좌우 대칭 모양새가 태풍도 넘어뜨리지 못한 균형과 조화를 이루고 있다. 어느 한쪽에 치우침이 전혀 없어 보인다.

혹여 뭔가 또 보일까 자세히 살펴보았다. 뿌리째 뽑아 화분에 처박은 주인을 원망하는 모습은 어디서도 찾아볼 수 없다. '왜 나는 이런 가혹한 시련을 감당해야만 하나?'라는 분노를 어이 삭여냈을까. 행운을 몰고 오는 나무라며 심어놓고 내팽개치듯 무심한 인간 때문에 더께처럼 쌓였을 스트레스를 어떻게 밀쳐냈을까. 강한 사랑을 상징한다는 소철. 그에 걸맞게 상처와 슬픔을 다 껴안고 있다. 상황에의 적응과 수용, 그 마음이 크고 너그러운가 보다. 강인함 또한 가슴에 찡하게 와 닿는다. 녀석이 내게 나직이 속살거린다.

"어려움과 고통은 삶에 추동력이 된다네. 균형과 조화가 무엇보다 먼저야."

다정스런 속삭임이 되레 나의 아픈 데를 콕콕 찌른다. 이제껏 남을 배려하기보다 자기중심적이었던 내가 아니던가. 한쪽에 치우쳐

함부로 입을 놀려대 남의 가슴에 상처를 낸 것은 몇 번이었나. 어려운 상황이나 고통을 참지 못하고, 유혹의 손길이 뻗쳐오면 쉽게 흔들리지는 않았던가. 관용은커녕 마음이 오그라들어 쉽사리 펴지질 않는 나는 편견과 선입견에 묻혀 상황 판단을 그르치기 십상이었다. 이순耳順 고개를 넘었어도 주변 여건에 순응치 못함은 안타까운 일. 녀석이 지나치지 않고 치우치지 않는 삶을 살라 한다.

몸집이 작아도 천년을 산다는 늘 푸른 꽃나무 소철! 죽은 잎의 흔적을 켜켜이 몸통에 간직하고도 그 고통을 감추고 살아가는 나무, 신산한 삶을 살면서도 장수長壽의 꿈을 끊임없이 키워가는 나무다. 꿋꿋하고 슬기로운 소철이 오늘따라 더 새롭다.

햇살 고운 아침, 태풍이 언제 왔었냐는 듯이 소철이 그 자태를 뽐내고 있다.

억새꽃 핀 들녘

얼굴을 스치는 바람이 제법 맵다. 가을이 깊어갈수록 진한 그리움이 안으로 파고든다. 마음은 아직 청춘인데, 계절에 대한 느낌이 해마다 달라지고 외로움마저 친구처럼 익숙해진다. 고향 들길을 걷노라니 생뚱맞게 가을 속에 슬그머니 눕고 싶은 충동이 인다. 가을은 남자의 계절이어서 그럴까.

산과 들녘엔 하얀 가을이 펼쳐지고 있다. 억새꽃이 물결을 타고 흥겨운 춤을 춘다. 손 흔들며 반갑다고 소리를 낸다. 꽃의 빛깔과 속삭이는 소리가 시시때때로 다르다. 저 억새처럼 살다 가신 어머니의 삶이 떠오른다.

스무 살에 시집온 새댁은 억새꽃 피는 이 들녘에서 가난과 씨름하며 어려운 농사일을 젊음으로 이겨내며 살았다. 새댁은 꿈과 희망이 넘쳐흐르는 당차고 고운 여인의 모습으로 젊음을 발산했으리라. 이슬을 머금은 억새꽃이 아침 햇살을 받아 불그레한 구릿빛 아름다움을 발하듯.

자식 낳고 시부모 모시고 살던 그 여인의 중년시절은 억새꽃 본래의 빛깔인 야성미가 넘치는 은빛 같았다. 한낮이면 푸른 하늘 밑에서 은빛 구름나라를 펼치듯이, 자녀들과 행복한 삶을 위해 땀 흘리며 살았을 것이다. 더구나 늦둥이로 낳은 아들을 '금이야, 옥이야.' 하며 키웠을 터. 그 시절 종갓집 며느리는 아들을 낳아야 그 의무를 다하는 것이라 했다니 가난마저도 큰 문제는 아니었던가 보다.

억새꽃 핀 들녘은 약한 바람에는 평온한 모습이지만, 거센 바

람에는 성난 파도처럼 소리치며 출렁거린다. 여인은 출렁이는 노도처럼 험한 삶을 이를 악물고 혼자 헤쳐 나가야 했다. 은빛바다를 날개 달고 날아가듯 당당하게.

태양은 오늘도 뜨고 진다. 서산을 넘어 바다로 질 때면, 억새꽃은 노을을 머금으며 온 들녘을 황금빛으로 물들인다. 밭일로 뼈가 굵은 그 여인은 억새밭 일터에서 자녀들에게 노동의 소중함을 가르쳐 주던 엄한 여인이었다. 힘든 모습이나 섭섭한 마음을 보인 적이 결코 없었다. 황금빛을 머금은 억새꽃 같았다고나 할까. 사랑과 지혜, 모든 것을 남겨주고 떠난 그 여인의 삶은 억새꽃이 피면 생생하게 되살아난다. 어머니의 모습이 억새꽃 저 멀리서 비쳐온다.

억새는 세월에 아랑곳하지 않고 불어오는 바람과 뜨고 지는 태양에 몸을 내맡긴다. 잔잔히 부는 바람에는 순한 양 같으나, 빠르게 휘몰아치는 바람 앞에는 질풍노도의 평원을 달리는 야생마 같다. 아침저녁, 형형색색으로 빛깔이 변하는 억새꽃은 화려한 옷으로 멋을 내는 여인이라고나 할까. 자연에 제 몸을 내맡기고 그에 순응하며 살아가는 억새가 참으로 겸손하고 지혜롭다.

사방이 적요하다. 바람 부는 억새밭에 홀로 서 있는 나를 바라본다. 가차없는 세월의 흐름이 나를 오늘 이 시점까지 데려왔다. 삶의 길에서 만났던 온갖 환난과 기쁨들이 억새꽃 물결 따라 서서히 밑바닥으로 가라앉고 있다. 그 물결 속으로 빠져들고 싶은 충동처럼 염치없이 몰려드는 이 그리움과 외로움을 어찌하랴. 바람 앞에 흔들리는 희끗한 머리카락이 억새인지 머릿결인지 분간할 수조차 없다.

한낮에 온 들녘을 은빛으로 수놓던 억새꽃은 지는 노을 따라 황금빛으로 가을을 서서히 물들이고 있다. 스러져가는 황혼이 처연하다. 억새를 흔들며 지나는 찬바람은 내 옷깃을 여미게 한다. 억새가 부딪히며 내는 소리는 어쩐지 구슬프다. 세월의 흐름에 대한 아쉬움과 서글픔을 서걱서걱 소리로 토해내려 하는 것인가. 바람에 흔들거리는 억새가 어깨를 들썩거린다.

가을이 억새꽃 물결 위로 흘러가고 있다. 결실과 상실을 간직한 채.

털머위가 속삭이듯

어느새 한 해의 끄트머리에 들어섰다. 강물처럼 흘러가버린 날들. 뜻하지 않게 남에게 마음의 상처를 준 일은 없었을까. 기쁨도 슬픔도 이웃과 함께 하며 삶을 겸손하게 살아왔나. 산을 오르며 지난날을 헤아려갈수록 아쉬움으로 가슴이 아리다.

산길에 함박눈이 팔랑거리며 춤을 추고 있다. 마지막 달을 백설로 채우려는가. 내리는 눈이 저무는 해의 등짐을 함께 날리는지 산길을 걷는 발걸음이 가볍다. 구름 사이로 가끔 얼굴 내미는 태양은 '마음의 창문을 열라'는 듯이 반짝거린다.

세차게 불던 바람이 멈춰 고요해진 산속. 바스락거리는 소리가 귀를 쫑긋 당긴다. 오르다 말고 산 속을 가만히 살피노라니 산비둘기 몇 쌍이 눈에 잡힌다. 사람을 보고 놀라는 기색도 없이 나무 아래에서 이리저리 휘젓고 다니며 먹이를 찾아 먹고 있다. 낙엽에 숨겨진 나무열매와 벌레가 녀석들의 배고픔을 달래주고 있을 것이다. 세상 어느 것도 혼자 사는 것이 아니라 했지. 저만큼 떨어진 곳, 낙엽 진 나무 아래 노란 풀꽃도 보인다.

겨울 꽃의 유혹에 마음이 끌리어 그쪽으로 발길을 옮겼다. 히야! 눈 내리는 초겨울, 비탈진 길 따라 샛노란 꽃이 무리지어 산기슭을 멋스럽게 수놓았다. 털머위다. 추위에도 아랑곳하지 않고 피어난 털머위꽃이 돌올하다. 다가오는 힘겨운 겨울을 넘기려 나무는 낙엽을 날렸고, 들꽃은 종적을 감춘 지 오래지 않은가.

눈 오는 숲길에서 활짝 핀 꽃을 발견하기란 쉽지 않는 일이다. 찬바람 타고

겨울이 다가오기 시작하면 자연 속의 생명체들은 제 나름대로의 월동준비를 한다. 초록의 풀들은 누런 빛으로 몸져눕고, 나뭇가지는 발가벗어 앙상한 온몸을 드러낸다. 그런데 늦가을에서부터 초겨울 이때쯤이면 때맞추어 날 보란 듯 들국화 모양의 샛노란 꽃을 피워내는 풀꽃이 바로 털머위다.

털머위는 쌍떡잎 군락식물이다. 꽃을 피우면 꽃대까지 높이가 50cm쯤이나 된다. 바닷가 올레길이나 숲길, 습기가 있고 약간 그늘진 곳에서 잘 자라며 약초로도 쓰이는 여러해살이 풀이다. 풀잎을 말馬이 즐겨먹기에 일명 말곰취라 부르기도 한다. 진초록 잎이 어린애 손바닥만큼이나 크다.

좀 더 가까이 다가섰다. 보면 볼수록 기특하다. 이 추위에 꽃을 피워 내다니! 꽃대를 높이 세우고 바다 쪽으로 북향하여 핀 것이 더욱 놀랍다. 풀꽃들은 따뜻한 남향으로 꽃을 피우게 마련인데 어째서 이 꽃은 유별나게 찬바람 부는 북향일까. 저 멀리 두고 온 그리운 임을 기다리듯, 섬사람이 뭍을 동경하듯.

예쁘고 윤기 나는 잎이 오늘따라 관심을 끈다. 가만히 만져보니 꽤 두껍고 반질반질하다. 서로 부둥켜안듯 군락을 이루고 있으니 어둑한 주위가 환해 보일 정도다. 줄기와 잎 뒤쪽에는 보일까말까 희끄무레한 잔털이 가득하다. 주변 환경에 적응해야만 살아남기에, 자연의 법칙을 충실히 따르고 있음이렷다. 역경을 이겨내고 억세게 살아가는 섬사람들처럼 추위와 찬바람을 이겨내는 힘의 원천이 여기에 감춰져 있나 보다. 한라산 자락에 아름답게 피어난 털머위꽃이 보는 이에게 풀꽃의 강인한 생명력을 새삼 일깨워준다.

무릇 풀꽃들은 비탈진 곳이나 바위 틈에도 일단 뿌리를 내리면 기어이 꽃을 피워낸다. 더구나 그 자리가 험하고 척박할수록 억척스레 피어나 진한 향기를 간직한다고 한다. 생존과 종족보존의 본성이리라. 혼신의 힘을 쏟아 자기의 생을 온몸으로 살고 있음이 경이롭다.

그동안 나는 왜 풀꽃들에게 무심했을까. 봄과 여름을 화려하게 수놓는 이름 있는 꽃에게만 관심을 두어왔던 것이다. 한파를 무릅쓰고 피어난 털머위가 낙엽 진 숲길에서 더 도드라져 보인다. 삼라만상이 숨을 죽인 듯 생장을 멈춘 계절에도 길손을 즐겁고 기쁘게 하고 있음에랴. 의연하면서도 희생적인 생명체의 고귀한 모습을 보는 것 같아 흐뭇하다. 세상에 소중하지 않은 것, 쓸모없는 것은 하나도 없다는 말이 맞지 싶다.

함박눈이 다시 살갑게 내리며 산길을 단장하기 시작한다. 삶의 의미를 곱씹으며 나를 돌아보게 하는 하루다. 지금 나의 모습은 과연 어떤 모습일까. 너나 없이 나름대로 의미를 갖고 세상에 보내졌을 터인데, 그분의 원하는 것처럼 소중한 생을 보람 있게 열심히 살아가고 있는가. 그리하면 세상이 한결 아름다워 보일 터이다.

'이보게, 아름답게 보는 건 눈이 아니라 마음이라네.'

산길에 핀 털머위가 속삭이며 내게 다가오는 듯하다. 마음속에 꽃이 피어야 세상이 아름답게 보인다는 것이다. 내 모습이 초라해 보일까 봐 얼굴이 붉혀진다.

한 해가 며칠 남지 않은 12월, 움츠러들어버린 내 마음부터 먼저 다독여야겠다.

5
숲 속에서 길을 묻다

참나무에게 신비한 일이 생겼다. 딱따구리의 날갯짓과 다람쥐의 행복한 마음이 참나무를 따뜻하게 했던 것이다. 늙은 참나무의 마음은 기쁨으로 가득 찼고, 한숨 대신 행복의 노래를 불렀다. 가지 끝에 맺힌 빗방울은 보석처럼 빛났고, 별빛과 햇빛은 참나무의 머리에 왕관을 씌워 주었다. 그 숲 속에서 늙은 참나무만큼 아름답고 즐거운 나무는 없었다.

숲 속에서 길을 묻다

숲 속은 계절을 불문하고 생명력이 넘치는 곳이다. 누구라도 사유의 날개를 달면 바람소리 새소리는 아름다운 음악이요, 잡초와 풀꽃과 나무들은 한 폭의 그림이 된다.

고요한 숲 속에 울림이 요란하다. 예쁜 오색딱따구리 한 마리가 늙은 참나무의 둥치를 날카로운 주둥이로 맹렬히 쪼아대고 있다. 자기를 쳐다보는 줄 아는지 이리저리 나무 둘레를 돌며 나보란 듯 멋부리는 것이 볼 만하다.

아름드리 고목인 참나무가 딱따구리 못지않게 더 관심을 끈다. 며칠 전 책 속에서 만난 늙은 나무를 연상케 하는 숲 속의 현장이다. 겹겹으로 싸인 나무껍질 안 깊은 속살에 품은 참나무의 사연을 들려주는 윌리엄 J. 베네트*의 글이 생생하게 머릿속을 스쳤다.

폭풍이 한차례 숲을 휩쓸고 간 뒤 늙은 참나무는 더 못생겨졌다. 새로 돋는 잎사귀로 자신의 몸을 감추려 애썼지만, 잦은 바람이 그를 가만두지 않았다.

어느 해 가을, 참나무는 그의 벌거벗은 가지 사이로 지나는 바람에게 하소연했다.

"이젠 아무도 나를 원하지 않아. 난 세상에서 쓸모없는 존재가 돼버렸어."

그런데 얼마 뒤에 딱따구리가 날아와 늙은 참나무 둥치를 쪼기 시작했다. 참나무의 몸에 식량창고를 발견한 딱따구리는 따뜻하고 아늑한 그의 몸에서 가족과 함께 추운 겨울을 났다. 다람쥐도 늙은 참나무의 몸에 보금자리를 틀어 봄까지 따뜻한 겨울을 지냈다. 다람쥐는 기쁘게 재잘거렸다.

"이 구멍 난 참나무가 얼마나 고마운지 몰라."

얼마가 지나자 참나무에게 신비한 일이 생겼다. 딱따구리의 날갯짓과 다람쥐의 행복한 마음이 참나무를 따뜻하게 했던 것이

---

* 윌리엄 J. 베네트: 미국의 유명한 정치인이자 철학박사로 레이건 행정부 시절 교육부장관도 역임했다. 청소년 윤리의식 함양과 가족 공동체의 가치를 전파하기 위한 ≪미덕의 책(The Book of Virtues)≫ 등을 저술하였다.

다. 늙은 참나무의 마음은 기쁨으로 가득 찼고, 한숨 대신 행복의 노래를 불렀다.

가지 끝에 맺힌 빗방울은 보석처럼 빛났고, 별빛과 햇빛은 참나무의 머리에 왕관을 씌워 주었다. 그 숲 속에서 늙은 참나무만큼 아름답고 즐거운 나무는 없었다.

보잘것없는 존재라고 낙담하던 저 늙은 참나무를 보라. 생각지도 못했던 따스함에 겨울걱정 없이 행복해하는 참나무! 딱따구리와 다람쥐가 한가족처럼 감싸주고 있는 것이다. 쪼아대며 아픔을 주어도 그 고통을 참고 견뎌냈을 것이다.

사람에게도 늙음은 나이가 들었다는 것이요, 인생에 겨울이 가까웠음을 뜻하는 것이 아닌가. 그것은 누구도 피치 못할 인생길의 한 노정路程. 이제 '인생칠십고래희人生七十古來稀'라는 말은 옛말이 되었고, 평균수명도 팔십을 훌쩍 넘어섰다. 직장 정년을 앞둔 사람들은 야단이다. 나 역시 그랬다.

때가 가까워오니 정년이 두려워지기 시작했다. 몸과 달리 마음은 나이 든 것이 아니었다. 오를 만큼 윗자리에 올랐다는 부러움과 시샘의 눈총도 없지 않았다. 사업추진에 힘을 쏟아야 하니 직장이 여유를 주지 않는 것은 당연지사當然之事. 퇴직할 마음준비조차 뒷전으로 밀린 채 시간에 쫓기며 허덕이기 십상이었다. '이래선 안 된다.'는 생각에 결심을 굳혔다. 삼십 년 넘게 일했으

니 정년에 앞서 적당한 때 물러서자고.

그렇게 결심하고 퇴직하였다. 용퇴라고들 했다. 하지만 마음 한구석에는 서운함이 없지 않았다. 몸속에 나답지 않은 다른 마음의 존재한다는 것은 모순이었다. 내 속을 훔쳐본 사람은 웃을지 모르겠다. 보는 이들의 눈초리가 하루가 달리 차갑게 느껴졌다. 차츰차츰 자신이 별 볼일 없는 사람, 하릴없이 아까운 시간을 허비하는 녀석이라는 생각이 들었다. 마음이 시나브로 초라해져 갔다.

이럴 즈음이었다. 아들네가 고향으로 직장을 옮겨오자 둘만 살던 집에 아이들이 왁자지껄 법석이었다. 맞벌이 아내도 퇴직해 함께하는 시간이 많아졌다. 예상 밖의 복병이라도 만난 듯 가슴속에 터잡아가던 초췌한 고독은 간곳없이 사라져버린 것이다.

한동안 소홀했던 친구들과의 만남이 점차 잦아졌다. 산행도 하고 문학동아리 모임에도 나갔다. 재미가 붙었다. 나는 한가로움엔 못 견디는 체질이었나 보다. 하찮은 열정이라도 한곳에 쏟으면 보람을 얻을 수 있을 것 같은 생각이 어슴푸레 들었다. 땀 흘릴 만큼 뜨겁게 한동안 나름대로 열심이었다. 그제야 은방울처럼 또르르 기쁨이 찾아들고 희망이 새싹처럼 돋아나기 시작했다. 새 출발이요 다시 시작임을 알리는 듯이.

누군가 '인생은 늘 이제부터다!'라고 했다. 인생 끝날까지 언제나 처음처럼 기쁘게 살아가라는 뜻이지 싶다. 즐겁게 산다는 것은 어쩌면 인생의 아름다운 마무리를 위해서인지 모르겠다. 흐르는 세월을 막을 수는 없는 일. 늙기도 서러운데 쓸모없는 존재라고 자신을 비하하는 것은 바람직하지 않으리라. 문제는 마음먹기에 달린 게 아닐까.

계절을 아는지 숲 속 가족들이 부산하다. 살아가는 데 혼자는 외롭고 춥다 한다. 그러니 겨울이 다가올수록 가족이랑 벗들과 함께해야 하지 않겠나. 참나무야, 그리하면 비록 나이가 들어도 겨울이 두렵지 않겠지? 기쁨이 가득 찬 바로 너희들처럼.

수루에 올라

제승당을 찾아가는 길이다. 바닷길에 반짝이는 태양이 눈을 시리게 한다. 푸른 하늘이 바다와 섬을 온통 덮고 있다. 넘실거리는 파도와 흐르는 조각구름은 수놓은 무늬처럼 아름답다. 충무공 이순신 장군의 발자취를 찾는 설렘에 가슴이 울렁인다. 통영 부두를 나선 배는 잠깐 사이 멀지 않은 섬, 한산대첩지에 닿았다.

쪽빛 바다에 에워싸인 섬은 무성한 해송들로 뒤덮여 장관이다. 선착장에서부터 길목마다 수목들이 즐비하다. 찾아온 이들에게 사열받듯 한들거린다. 옛 격전지다운 풍광을 연상케 하는, 이름도 특이한 화살나무와 꽃댕강나무도 조경돼 있다. 얼마 걸어 역사의 숨결을 느낄 수 있는 곳, 대첩문에 들어서자 옷깃이 여미어진다.

이곳 제승당은 1592년 임진왜란이 일어나자 이순신 장군이 적은 병력으로, 섬 앞바다에서 왜적을 무찌르고 대승을 거둔 한산대첩의 전승지다. 바다의 제해권을 장악하여 승리하는 곳이라는 뜻을 간직한 제승당制勝堂. 세계해전사상 길이 빛나는 한산대첩을 이룬 후, 삼도수군의 본영으로 삼아 국난을 극복한 유서 깊은 사적지다. 임진왜란 때 충무공이 없었다면 나라의 운명은 어떻게 되었을까. 악몽 같은 전란으로 엄청난 인명살상과 재산 피해, 민초들의 원성과 고충, 비참함이 얼마나 컸을까. 상념에 젖어 걷노라니 적의 움직임을 살폈던 수루戍樓가 보인다.

높이 자리 잡은 수루에 오르니 시야가 훤하다. 앞바다에 봉긋봉긋 솟은 작은 섬들이 한눈에 밟힌다. 임진왜란 중 여러 차례의 해전을 모두 승리로 이끈 거북선 모양의 거북등대도 앞바다에 떠 있다. 삼도수군통제사인 공이 수시로 올라 왜군의 동태를 파악했다는 망루다. 잘 알려진 〈한산도가閑山島歌〉의 배경이 된 바로 그 수루. 위용을 자랑하듯 주위에는 숲이 울창하다. 난간 위에 걸린 공의 시조가 나의 눈길을 붙잡는다.

閑山島月明夜上戍樓	한산섬 달 밝은 밤에 수루에 혼자앉아
撫大刀深愁時	큰 칼 옆에 차고 깊은 시름하는 차에

何處一聲羌笛更添愁　　어디서 일성호가는 남의 애를 끊나니

수루에서 바라보는 한산도 앞바다! 뜨거운 햇살 아래 바다의 은빛 물결이 곱다. 난간에 기대니 시를 읊조리는 장군의 음성이 들리는 듯하다. 수루에 홀로 앉아 고뇌하는 장군의 '깊은 시름'은 무엇이었을까.

위란에 처한 나라와 백성에 대한 근심걱정으로 잠 못 이뤘던 장군. 공의 나라 사랑의 길은 평탄치 않았다. 해전에서 연승하며 나라를 구해내는 큰 공을 세우지만, 모함으로 파직되고 처형 직전까지 이르는 고난을 당하기도 했잖은가. 어디 그뿐인가. 어제의 통제사가 오늘은 백의종군이라니! 이와 같은 모진 시련에도

나라 사랑의 마음에는 흔들림이 없었다.

≪난중일기≫나 여러 기록에 노심초사하며 골몰하던 그 흔적이 남아있다.

밝은 달이 수루 위를 비추니 공의 심회가 편치 않았을 터. 더욱이 감옥에서 풀려나와 보니 조선해군은 대패해 배만 몇 척 남아있었다. 게다가 1597년 8월 소수 병력으로 적을 대항하기 어려우니 수군을 폐하고 육군에 편입해 싸우라는 선조 임금의 밀지를 받았으니 눈앞이 캄캄했으리라. 그럼에도 장군이 조정에 올린 "아직 배가 12척이나 남아있고, 신이 죽지 않았으니(尙有十二微臣不死)"라는 내용의 담긴 장계狀啓는 비장한 각오를 말해주고 있지 않은가. '바다에 서약을 하니 고기와 용이 꿈틀대고, 산을 보

고 맹세를 하니 풀과 나무도 알아주더라(誓海魚龍動 盟山草木知).'라는 무제일련無題一聯의 글에서도 굳은 다짐이 엿보인다.

변함없는 장군의 나라 사랑은 백성 사랑으로 이어진다. 피비린내 나는 전쟁 속에서도 항상 백성의 안전이 먼저였다. 어려움에 처한 백성들을 위로하고 격려하였다. 명나라 사신의 기록에선, 잡힌 포로까지 보살피는 장군의 모습에서 인간 이순신의 사상과 면모를 잘 알 수 있었다고 했다. 목울대가 뜨거워진다.

어느 어두운 저녁, 눈이 몹시 내리고 바람이 칼날 같아서 살결을 찢는 듯하니, 감히 밖으로 나서지 못하겠더라. 그런데 그 속을 통제사 영감이 홀로 지나가니, 무슨 까닭으로 이 어둡고 추운 바람 속으로 거닐고 있는 것일까?

궁금하던 차에 한번 따라가 보니 통제사 영감이 바로 왜놈이 잡혀있는 현장으로 가는 것 아닌가. 더욱이 이상하여 더 밟아보니 통제사 영감 손에는 한 권의 책이 있더라. 밖에서 보니 통제사영감은 그 왜군에게 ≪명심보감≫ 중 '효행편'을 읽어주고 있는 것이 아닌가!

다음날 알아보니 그 왜군의 나이는 열다섯이더라. 열 살 어린 나이에 병사가 되어 왔음에 이 아이가 포로가 된 후 이를 딱히 여긴 통제사 영감이 별도로 감싸주었던 것이다. 열 살에 포로가 되었으니 벌써 오 년이 되었고 그동안 왜군의 아이는 조선말을 배웠으며 간간히 통제사 영감이 책을 읽어주기도 했다 한다.

서로 죽이고 죽는 전쟁이지만, 저 두 사람을 어찌 원수라 하겠는가. 내가 본 저 두 사람은 조선장수 대 왜군이 아닌 한 아버지와 그의 아들로 보였으니, 통제사 영감의 성정이 저럴진대 그의 백성을 아끼는 마음이야 오죽하겠는가.

충무공은 우리 민족사에 위대한 영웅으로 추앙받는 분이요, 후손들이 흠모하고 존경하는 인물이다. 어느 시대이고 지혜로운 선구자와 위인들이 있어 국난을 극복하고 백성을 구해왔다. 오늘의 있음은 선조들의 후광 덕분이리라.

한데 지금 이 시대를 사는 우리에겐 시름이 적지 않다. 남북으로 분단된 조국, 이념의 갈등과 빈부의 격차, 상호신뢰와 소통의 부족, 고용과 복지문제 등은 풀어야 할 과제다. 나라와 백성의 '깊은 시름'임에 틀림없다.

시대가 영웅을 낳고, 영웅은 시대를 열어간다고 한다. 조상의 가르침을 후손들이 어떻게 실천하느냐에 달린 것이 아닐까. 늘 희망은 있다. 충무공을 떠올리며 수루에 앉아 다시 생각해본다. '아직도 배가 12척이나 남아있다.'는 의미를.

족제비의 선물

녀석을 본 것은 참 오랜만이었다. 늦은 오후, 올레길을 걷고 있을 때였다. 길가에서 귀를 쫑긋 세우고 좌우를 살피더니, 나를 보자 앞길을 가로지르며 쏜살같이 숲 속으로 사라졌다. 족제비였다.

하늘을 나는 제비처럼 땅위를 발 빠르게 달린다고 해서 이름이 그리 붙여졌을까. 몸집은 가늘고 황토색인데 꼬리가 길다. 붓이나 목도리 재료로 그만인 질감 좋은 털도 가졌다. 달릴 때는 바다너울을 타듯 머리에서 꼬리까지 몸을 출렁대며 앞만 보고 질주한다. 의욕과 열정이 넘치는 듯, 언제 봐도 박진감 있는 그 모습은 무척이나 부럽다.

어릴 적 흔하게 봤던 족제비. 포유동물인데 활달하고 날렵하며 닭이나 쥐를 곧잘 잡아먹는다. 도심에서는 보기 드문 진객珍客이요, 지금은 보호를 받고 있는 야생동물이다. 오늘 올레길에서 이리 만날 줄이야! 녀석을 잡으려 덫을 놓던 그 시절이 그립다.

전쟁이 휩쓸고 간 오십 년대의 삶이 쪼들리던 시절. 돈이 참으로 귀했다. 환금작물이래야 고구마 정도요, 돈 되는 것은 미역이 고작이었다. 시골에선 닭을 키워 오일장에 갖고 가서 돈으로 바꿨다. 달걀을 팔아 학용품도 샀다. 닭은 아이들 용돈밑천이었다.

집집마다 닭을 키웠다. 닭 키우는 것은 만만찮은 일. 세상에 쉬운 일이 어디 흔한가. 병아리는 족제비가 탐내는 먹잇감이었다. 무법자처럼 어미닭을 못살게도 굴었다. 족제비가 자녀 용돈을 훔치는 주범이었던 셈이다.

올가미를 놓고 산짐승을 잡듯, 어른들은 쥐를 미끼로 덫을 놓아 족제비를 잡곤 했다. 잽싸고 영리한 족제비도 미끼를 욕심내다 돌에 깔려 잡히고 만다. 녀석을 잡으면 '꿩 먹고 알 먹고'였다. 닭을 사육하는 데 훼방꾼이 사라져 좋았고, 녀석의 털은 돈이 되었으니까. 질감 좋은 털로 만든 목도리는 인기였다.

아이들끼리 덫을 놓기로 했다. 우리 집 텃밭 돌담 한쪽 구석은 족제비가 잘 다니는 곳. 넓적한 큰 돌 밑에 미끼를 넣어 그곳에 덫을 설치하는 것이었다. 족제비를 꾀어 잡는 덫을 놓기란 아이들에겐 쉽지 않다. 미끼인 쥐를 잡는 것도 어렵지만 돌이 더 문제였다. 넓적한 돌을 구하는 것도, 무거운 돌을 옮겨다 덫을 설치하는 것도 어른의 도움이 필요했다.

"애들아, 덫 놓는 거 제발 그만둬라. 되레 족제비 덫에 너희가 잡힐라."

어머니가 야단치며 막아섰다. 하나 다행히도 여러 아이들의 통사정이 먹혀들어 동네아저씨 도움으로 며칠 후 덫을 놓았다. 야단법석을 떤 만큼 바람과 기대가 컸다. 누나에게 '족제비 잡으면 팔아서 예쁜 선물 사준다.'고 약속까지 했잖은가.

일과처럼 또래들과 함께 덫을 돌아보지만 맨날 허탕만 쳤다. 이상하게도 미끼만 사라졌다. 영특한 족제비 녀석! 우리끼리 아무리 궁리를 해도 잡을 수 없었다. 그런 어느 날, 미끼를 갈아 넣다 돌에 짓눌려 내 손을 다쳤다. 울음소리에 동네가 요란스러

웠다.

"울지 마라, 얘야. 이 정도니 그나마 다행이야!"

크게 다치지 않았다며 어머니는 나를 도닥였다. 그럴수록 엉엉 울었다. 선물약속이 물거품된 것보다도 내가 잡힌 꼴이 된 것이 억울해서였다. 그제야 알았지만, 어머니 부탁으로 아저씨가 작동 못하게 덫을 고정시켜버린 것이었다. 아이들에게 위험하다면서. 그럼에도 안전사고가 났으니! 덫은 말뿐이고 폼만 잰 것이었다.

어린 우리는 사실 수준 미달이었다. 덫의 작동방법도 잘 몰랐고 공을 들이지도 못했다. 아는 만큼 보인다고 했듯이 적을 잡으려면 적을 먼저 알아야 하는 법. 욕심만 냈을 뿐이고 잡으려는 족제비에 대한 상황정보가 부족했다. 족제비가 그 덫의 존재와 문제점을 속속들이 알고 있지는 않았는지, 언제 출현하는지, 덫에 걸려들기만 바라는 우리의 속내를 훤히 꿰뚫어 보고 있었는지. 이제 보니 어른과 아이의 차이였다. 그러니 족제비가 잡힐 리 없잖은가. 녀석의 비웃음만 샀을 것이다. 날 울린 것은 덫이 아닌 족제비였다.

'덫'이라는 말은 거부감을 주기도 한다. 본래 덫은 새나 짐승을 잡으려 놓는 것인데, 남을 헐뜯고 모함하기 위해 꾀를 내어 함정을 파 놓은 덫도 있어서다. 함정은 늘 위험을 동반한다. 한데 우리가 놓은 덫은 닭을 해치는 녀석을 잡아 용돈 좀 마련코자함이었으니, 그 동기는 얼마나 순수했던가. '덫을 잘못 놓으면 자신이 걸려든다.'는 체험을 한 것은 순전히 족제비 덕분이었다. 그 녀석이 준 선물이라고나 할까.

지난날에의 그리움이 파도친다. 그때가 어제 같은데, 머리가 희끗할 만큼 세월이 흘렀다. 코흘리개 시절로 나를 불러준 족제비! 내게 또 뭘 선물로 주려나. 넘쳐나는 의욕과 열정을 나눠줬으면 좋겠다. 나는 오늘도 올레길 걷기에 나선다. 녀석을 다시 만날 설렘으로.

오십견에 울고 웃고

팔이 저리듯 아프다. 오른쪽 어깨관절이 부자연스럽다. 대수롭지 않게 생각했는데 팔을 젖히기도, 윗옷을 갈아입기도 힘들다. 팔을 위로 들거나 손을 등 뒤로 대려면 몹시 쑤신다. 낮보다 밤에 통증이 심하다. 하루가 다르게 더해가면서 밤잠도 설치고 있다.

어느 날 갑작스레 찾아온 불청객인 오십견五十肩. 이 녀석은 몰래 찾아다니다 임자를 만나면 꽉 붙잡고 절대 놓아주지 않는다. 그 대상을 어찌나 잘 알아보는지 족집게처럼 골라낸다. 나이 들고 몸 관리에 소홀한 사람이 표적이라던데.

솔직히 말해 얘기하고픈 심정이 아니다. 원래 병명이 동결견凍

結肩이라는데 녀석이 영 반갑지가 않다. 주로 나이 오십대 이후의 사람을 찾아간다고 해서다. 오십견이란 별명도 그래서 붙었으리라. 발병 원인이야 여러 가지가 있겠으나 어깨근육의 노화에서 오는 파열이나 석회화현상이 주원인이라 한다. 아무튼 '병은 자랑하라.'고 했지만 남부끄럽다.

녀석은 나와 악연惡緣이 있는 것이 분명하다. 오십대가 지나자 무사히 넘어갔으려니 했었다. 그도 그럴 것이 '오십대에만 찾아온다.'는 벗들의 농담을 곧이곧대로 믿었으니까. 한데 육십 줄에 들어서도 한참 잊어버렸는데 이제야 찾아온 것이다. 그 악연이 원망스럽지만 길손으로 인정하고 빨리 떠나보내는 것이 제일이지 싶다.

좋은 치료법은 어깨 관절운동을 꾸준히 하는 거란다. 아침저녁 운동을 생활화하기로 결심했다. 요즘 팔과 어깨 운동은 기본이고, 걷기와 산행도 열심이다. 한데 운동치료법이 녀석 마음에 들지 않나보다. 얼마 지나면 괜찮겠지 했는데, 떠날 준비는커녕 나를 괴롭히는 데만 몰두하고 있다.

내쫓으려는 내가 그렇게도 미운 것일까. 밤에 찾아오는 통증은 나를 눈물 나게 한다. 잠 못 이뤘던 수많은 밤은 이제 떠올리기도 싫다. 늪에 푹 빠진 기분이다.

그런 어느 날, 한의원에 근무하는 사위가 고향에 휴가를 왔다가 집에 들렀다. 글을 쓰고 있는 나를 보고 책상에 앉은 자세가 바르지 않다는 것이 아닌가. 아, 내 자세가 그랬구나. 이때다 싶어 숨겨온 고민을 털어놓으며, 그 녀석을 쫓아낼 방법이 없겠느냐고 하소연하였다. 사위가 안쓰러워하며 주문했다.

"아버님, 책상을 한번 바꿔보시죠. 컴퓨터 모니터나 키보드의 높낮이와 거리를 조절해주면 목과 어깨의 부담이 덜어지거든요. 글을 쓰느라 컴퓨터를 오래 사용할 경우에는 시간마다 좀 쉬어가며 해보셔요."

책상이 맞지 않아 컴퓨터가 어깨에 무리를 주고 있다니! 미처 생각을 못했었다. 평소 바른 자세를 취하는 게 무엇보다 중요하다는 충고다. 책상을 바꿔보면 오십견도 서서히 나아지리라는 희망 섞인 위로는 내게 큰 선물이었다. 어깨통증만 치료된다면 책상이 문제이랴. 핑계에 의자까지도 새것으로 바꿀 수 있게 된 것이다.

가구점을 찾아가기는 결혼 후 처음 있는 일. 이건 순전히 오십견 그 녀석 때문이라고 해야 하리. 손녀 지현이도 함께이어서 가족나들이 기분이다. 가구점에 들러 한참을 구경하느라 시간 가는 줄을 모른다. 손녀도 의자를 사려는 듯 이리저리 돌며 어른처럼 구경 흉내를 낸다. 어린이용 의자에 앉아서는 좋아라고 야단이다. 점포 주인이 이름을 몰라 '아가야.' 하고 부르며 달랜다.

"아가야, 훗날 유치원 가면 꼭 그 예쁜 의자를 사 달라고 하렴."

"에~에~ 근데요, 전 아기가 아니거든요."

네 살 손녀가 뿔났다. 이름을 부르지 않고 아기라 부른다고 심통 부리자 모두 웃었다. 오십견이 나를 울리더니 웃음보따리는 손녀가 주는 선물인가 보다. 예쁜 의자를 갖고파 하는 재롱둥이 지현이가 귀엽기 그지없다. 벌써 이리 컸구나!

애가 커가는 것을 못 속이듯 세월 속에 내 모습을 감출 수 없으니 어쩔 것인가. 얼굴은 주름투성이요, 머리는 희끗해졌다. 자연의 순리 앞에 겸손해질 수밖에 없는 연령이다. 옛 어른들이 '나이 들면 몸이 말을 잘 듣지 않는다.'고 곧잘 했다. 이제 알 것 같다. 나이는 속이지 못한다는 의미를, 젊을 때 쓰던 책상도 어른이 되면 안 맞는다는 것을.

너나 없이 삶이 팍팍하다. 여유 없이 아등바등 살고 있다. 그 와중에도 '지금 나는 무엇이 지나친가?' 하고 잊어버린 나를 돌아보는 시간이 필요하다. 늘 마음가짐이나 몸가짐이 올바른 자세라야 한다는 말이 새삼스레 가슴에 와 닿는다. 그동안 게으르고 방심한 탓에 몸 고생이 얼마나 컸을꼬. 녀석이 찾아온 것은 '건강을 조심하라.'는 경고임에 틀림없다.

새로 단장한 공부방에 맞춤책상이라! 젊은이가 된 기분이다. 마음이 병을 이긴 것일까, 아니면 그 처방이 녀석을 쫓아낸 걸까. 오십견이 떠나간 듯 몸과 마음이 가뿐하다.

이상한 하루

산책과 등산은 일상생활 중의 하나요, 취미가 되어버렸다. 주기적으로 적당한 운동을 해야 하는 나이에 이보다 더 좋은 운동은 없으리라는 생각이 든다.

한라산을 오르기로 한 아침이다. 오늘은 어리목 짧은 등반코스를 선택한 날이어서 여유롭다. 홀가분한 기분으로 가볍게 등산 장비를 챙겼다.

전에 없이 "차 조심하고 잘 다녀오세요."라는 아내의 인사말을 들으며 집을 나섰다. 좋은 날씨에 산들바람이 불어 기분이 상쾌하다. 콧노래가 절로 난다.

차는 도깨비 도로를 지나 왕복 2차선의 한쪽 차선을 달리고 있다. 반대 차선에 작은 들개 한 마리가 놀고 있는 것이 보인다. 한데 녀석이 갑자기 달리는 내 차선으로 후닥닥 달려드는 게 아닌가. 눈 깜짝할 순간이었다. 내 차선 쪽에 서 있는 어미개를 미리 못 본 게 탈이었다고나 할까. 새끼개가 달려오는 내 차를 보고 놀라, 분별없이 어미 있는 쪽으로 달린 것이리라. 엉겁결에 브레이크를 밟으니 굉음을 내며 차가 멈췄다. 개를 치지 않아 천만다행이었다. 놀란 가슴 만큼이나 안도의 한숨이 휴우~ 하고 쏟아졌다.

어미개가 우두커니 서서 이 광경을 물끄러미 지켜보고 있었다. 그 순간, 한눈도 팔지 않고 지켜선 두려움 없는 어미개의 무서운 눈빛을 나는 보았다. 섬뜩했다. 어미가 도망치지 않고 새끼를 지켜선 것. 꿈쩍도 하지 않는 그 자세는 모성적 본능이 아니라면 상상할 수도 없는 일이잖은가. 어미개의 행동은 분명 본능적이었지 싶다.

내 이마에는 땀이 흠뻑 배어 있었다. 잠시 후 어미는 새끼를 데리고 유유히 멀리 사라져 갔다. 새끼는 하나밖에 없는 자기 목숨을 건진 것이다. 개와 같은 미물이나 풀꽃들도 생명을 가진 존귀한 존재임에 틀림이 없다.

등산길에 그리운 어머니가 떠올라 만감이 교차한다. 산을 오르면서도 가을 산의 정취가 여느 때처럼 몸과 마음으로 느껴지지 않는다. 새끼의 분별없음과 어미의 본능적 모성을 생각하면서, 기억에서 사라진 듯했던 어릴 적 일이 스쳐간다.

어머니는 이모보다 나이가 열 살 아래였다. 두 자매가 한동네에 살았는데, 언니가 시집온 이웃마을로 어머니도 시집을 와서다. 이모네는 마을에서 둘째라면 서러울 만큼 부자였다. 동생네 살림 형편을 알고 음양으로 도와주었다. 어머니는 이모댁에서 품삯으로 좁쌀을 받아오기도 하고, 춘궁기엔 양식을 빌려와 나중에 일을 거들어줘 갚곤 하였다.

잘사는 언니와 가난한 동생. 어머니는 같은 마을에 살며 얼마나 마음 상했을까마는 그런 내색을 하지 않았다. 오로지 자식을 굶기지 않고 먹여 살리려는 일념뿐이었다. 봄이 되면 보리수확을 기다리다 익지 않은 보리를 먹기도 했다. 소위 말하는 보릿고개다.

이모댁에는 아주 큰 개가 있었다. 어머니 손잡고 이모댁에 가면 개가 어떻

게나 짖어댔는지. 이웃사람들이 "가난한 동생이 언니 댁에 오늘도 찾아오는구나!" 할까봐 어머니는 이 개를 늘 조심스러워했다. 개 짓는 소리에 속상해하셨다. 부잣집이니 도둑을 지키는 무서운 개를 길렀고, 쌀 창고에 쥐 피해를 막으려 고양이도 길렀다.

이모네처럼 우리도 개와 고양이를 키우고 싶었다. 갈 때마다 이모에게 졸라댔다. 사정사정하여 얻은 새끼고양이와 강아지는 우리 집에 오자 죽고 말았다. 두 번씩이나 그런 일이 생겼다. 어린 나는 어머니 속만 상하게 했다. 어머니는 우리 집 앞에 돌동산이 있어 개와 고양이는 살지 않는다며 나를 달랬다. 먹이를 잘 먹지 못했으니 그 녀석들이 죽을 수밖에. 그 잠재의식이 남아서일까. 나는 지금도 개나 고양이는 질색이다.

산행 마치고 집에 오니, 아내는 집안청소를 하고 있었다. 일을 하다 말고 나를 반긴다.

"화창한 가을 날씨라 산행이 참 좋았지요?"

추석이 가까워와, 서울서 애들이 오기 전에 대청소를 한단다. 신발장 앞엔 청소하며 묶어 놓은 종이 상자랑 폐휴지 더미도 쌓여 있었다. 미안한 마음에 일손을 도와야겠다는 생각이 들었다. 쓰레기와 상자묶음을 들고 내려가 작은 창고문을 열었다. 그 순간, 야~옹 야~옹 가냘픈 새끼고양이들의 울음소리가 나를 깜짝 놀라게 했다. 쌓아둔 상자더미 속 어딘가에서 들려오는 울음소리. 창고 문을 잘 닫지 않는 것을 안 들고양이의 작품이 분명했다.

이 녀석들을 찾아내 던져버리고 창고를 정리할 것인가. 아니면 가만히 놓아뒀다 얼마 지난 후 어미와 함께 멀리 가게 할 것인가. 아침 등산길 사건이 눈앞에 어른거려 망설여졌다.

창고 문을 열어두기로 했다. 녀석들도 운 좋게 소중한 목숨을 건진 것이었다. 어미 들고양이도 어디선가 이 광경을 지켜보고 있을까. 두리번거리며 옆을 돌아보니, 언제 내려왔는지 아내가 옆에서 씨~익 웃고 있었다.

아, 어머니! 그리움에 사무친 참 이상한 하루다.

고추를 심었더니

창가에 앉으니 햇볕이 제법 따갑다. 창문을 열어젖히자 동네 학교 운동장에서 왁자지껄한 소리가 들린다. 어린이운동회 응원 소리인가, 아니면 열띤 선거를 알리는 사전 울림인가. 그 열기만큼이나 오월이 뜨겁게 느껴진다.

소소한 일거리가 내게 생겼다. 옥상을 오르내리며 채소를 가꾸는 일이다. 몇 년째다. 바다와 산이 환히 보이는 옥상에 오르면 마음도 탁 트인다. 오월에 모종을 심는 일로 옥상채소밭은 문을 연다. 잎 끝에 매달린 물방울은 반짝이는 햇살에 영롱한 은방울로 변한다. 아침마다 물주며 시나브로 자라는 채소를 보노라면 근심걱정도 잊고 만다.

몇 년 전 지금 사는 집을 지었다. 방열공사가 잘 안 되었는지 여름이면 옥상에서 뜨거운 태양열이 천장을 타고 집안으로 거침없이 전달되었다. 에어컨을 싫어하는 내가 아니던가. 나의 공부방도 열을 받아 고민이 이만저만 아니었다.

그러던 여름 어느 날이었다. 반모임에서 잘못된 방열설계를 하소연하며 더위 타령을 하자, 이웃 아주머니가 옥상에 텃밭을 만들어 채소를 가꿔 보라고 권하는 것이었다. 옛날 토담집 이야기를 들으니 그럴듯했다. 봄이 오자 바로 실행에 옮겼다. 여러 상자에 흙을 담아 채소를 심으니 옥상텃밭이 되었다. 채소는 주인 정성을 아는지 잘 자랐다. 방열도 되고 싱싱한 채소도 얻을 수 있어 좋았다. 그야말로 꿩 먹고 알 먹고요, 일거양득이었다.

채소농사는 무엇보다 좋은 모종을 골라야 한다. 지난해에는 오일장에서 모종을 사다 심었다. 고추모종은 이웃 그 아주머니가 준 것이었다. 순한 고추와 매운 고추로, 모종을 구분해 주는 게 사려 깊은 여인이었다. 나는 매운 고추를 아내와 애들은 순한 고추를 좋아한다. 그러나 달린 고추는 전혀 예상 밖이었다. 어찌된 일인지 모두 매운맛이었으니.

"순한 고추는 없던데요. 모종이 전부 매운 고추였나 봐요."

옥상 고추농사 얘기를 했다. 이야기를 듣고는 자기의 농사체험을 말하며, '주의사항'을 빠뜨렸다고 아주머니가 씩 웃는 게 아닌가.

“바람을 타니까 가까이 심으면 순한 고추도 매운 고추가 되고 말지요.”

고추가 바람을 탄다고. 아, 그럴 수가! 재배법을 잘 알았어야 하는 것인데, 부끄러웠다. 평생 배우며 인생을 살아간다는 옛 어른들 말이 생각났다. 경험이 소중하다는 걸 느꼈다.

‘함께 놀면 물든다.’고 한다. 매운 고추와 순한 고추를 가까이 심으면 순한 고추가 매운맛을 내고 만다. 고추라는 조상의 뿌리가 같은 데다 곁에서 바람을 타니까 물들 게 마련이라는 것이다. 자연의 이치요, 조화가 아닌가. 한데 매운 고추는 순한 맛을 내지 않고, 순한 고추만 매운맛을 내니 희한한 일이다. 이유가 뭘까. 본디 매운 게 근본이고 우성優性이어서 순한 녀석이 매운 물을 드는 게 아니겠는가.

천진난만한 아이는 이처럼 바람 잘 타고 주변 환경에 물들기 쉽다. 어릴 적 환경이나 교육은 인생을 좌우한다고 해도 지나치지 않을 것이다. 맹자의 어머니는 자식을 위해 세 번이나 집을 옮겼다고 한다. 본받아야 할 가르침이다. 어린 자녀들이 근본 있는 좋은 친구와 벗하기를 바라는 소이연도 여기에 있을 것 같다.

민주주의의 꽃인 선거의 계절이 다가왔다. 지방의 정치인을 뽑는 선거다. 온 지역주민이 참여하는 잔치요, 축제의 장이 돼야 한다. 힘들어 하는 이들에게 희망과 웃음을 줄 사람, 주민을 위하고 지역발전을 이룰 수 있는 훌륭한 지도자가 뽑혔으면 좋겠다. 이 꽃피는 오월에 치르는 지방선거에 기대가 크다. 물론 누구를 뽑느냐는 선택은 우리의 몫이다.

정치에도 중요한 게 뿌리라고 한다. 어느 중진급 정치인은 "바람만 타는 정치인은 쓰이고 버림받기 쉬우니 뿌리를 튼튼하게 해야 한다."라고 했다. 왜 아니겠는가. 그래도 변덕스런 날씨처럼 바람을 무시할 수도 없다니, 정치인이 되기가 쉽지는 않나보다.

봄이 예년과 다르다. 유난히도 변덕스럽다. 강풍이 불고 비가 오다가 갑작스레 햇살이 쏟아진다. 사월에도 날씨가 영하의 겨울처럼 춥다가 어느 날엔 한여름처럼 무더웠다. 하늘과 땅이 바람 타고 있는 건 아닐까. 지진으로 지구가 몸살을 앓고, 화산재로 하늘 길까지 막히기도 했다. 나라 안팎도 어수선하다.

하지만 계절의 변화야 막을 수 있겠는가. 숲과 계곡엔 새소리 물소리 들리고 파릇한 새싹들이 계절을 노래하고 있다. 들에는 청보리 물결이다. 산과 들이 온통 녹색으로 물들었다. 어렵사리 찾아온 오월이 벌써 여름을 준비하고 있다.

옥상의 채소농사를 서둘러야 되겠다. 고추모종은 바람타지 않게 거리를 두고 심으련다.

공산성은 말이 없다

"아하, 저놈 좀 봐! 혼자 겁도 없나 보네."

누군가 반가워하는 소리가 토끼의 푸른 오찬을 방해했나. 풀밭에 회갈색 토끼 한 마리가 풀을 뜯다 말고 이리저리 뛰고 있다. 사람들 소리에 놀란 모양이다. 지나는 여름을 즐기며 한가로이 풀을 먹던 토끼의 놀란 마음은 아랑곳없이 사람들은 마냥 귀엽다는 표정이다. 예전부터 이곳 공산성에 사는 녀석일까.

공산성에는 한여름이 여전히 머물고 있다. 입구에 늘어선 옛 사또들의 비석거리를 지나 들어선 풀밭엔 잡초가 무성하다. 우거진 숲속의 매미들이 계절의 변화를 예감한 듯 처량하게 울어댄다. 벗들과 성곽 산책로를 따라 망루 쪽으로 가는 중이다.

성벽 높은 망루에 올랐다. 성 북쪽으로 유유히 흐르는 금강! 공주를 지나 충청과 호남지역을 돌아 황해로 흘러드는 아름다운 강이다. '곰나루' 즉 웅진강이라고도 부르는 이 강 위로 공주대교가 떠있는 풍경은 한 폭의 그림 같다. 상류에서부터 험준한 산 사이로 하천들이 굽이돌아 금강으로 흘러든다. 강물 따라 수많은 사람이나 물자가 수송되어 예로부터 금강유역은 백제문화의 중심권이 되어왔다.

망루에 부는 강바람이 시원하다. 성곽전경 또한 고풍스럽다. 이 성은 5세기 말엽에 문주왕이 한성에서 이곳으로 천도하여, 강 인접 구릉에 계곡을 둘러쌓은 산성이다. 처음에는 웅진성이라 불렀는데, 고려 이후에 공산성으로 불린다. 성왕이 도읍을 사비성으로 옮길 때까지 육십여 년 동안 백제의 정치뿐만 아니라 경제와 문화의 중심지였다. 원래 토성이었다가 후에 석성石城으로 개축된 곳이다.

이곳은 어디에도 손색이 없는 천혜의 전략적 요충지다. 동서 양쪽에는 보조 산성이 있어 성을 보호한다. 조선 인조 때에는 이괄의 난을 피해 임금이 여기로 잠시 피난했던 곳. 난의 진압 소식을 듣고 나무에 기대어 쉬던 인조가 크게 기뻐하여 그 나무에 통훈대부通訓大夫라는 정삼품 벼슬을 내렸다고 한다. 지금은 그 나무는 없지만, 후대에 세워진 쌍수정이라는 정자와 비석이 남아있어 후손들의 발길이 끊이지 않고 있다.

옛 궁궐터와 우물터도 그대로다. 성의 남문인 진남루와 동문인 동문루, 적을 피해 드나들던 암문暗門도 있고 연못과 누각도 있다. 북쪽으로 금강에 접해 있는 공북루拱北樓는 강남과 북을 왕래하는 관문이면서 또한 적을 막아내는 역할도 했다 한다. 왕과 신하가 말없이 흐르는 강을 보라보며 앞날의 전략을 짜던 곳이라니 호기심이 더하다.

어째서 백제는 북쪽에 금강을 두고 이 공산성을 남쪽에 쌓았을까. 겨울이면 북풍이 거센데 이상하다는 의문이 든다. 고구려의 평양이나 조선의 한양은 대동강, 한강 등 모두 강을 남쪽에 두었다. 그리해야 찬 겨울바람을 등지고 남쪽으로 햇볕을 잘 받을 수 있을 것 아닌가. 그런데도 백제의 왕궁이나 성은 북쪽에 강을 두었다. 두려워하는 적이 바로 북쪽에 있었으니 그럴 수밖

에 없었던가. 강을 사이에 두고 적을 막는 게 유리했을 터다. 고구려의 남하정책에 밀려 어쩔 수 없이 도읍을 웅진으로 옮겼지만, 강을 굽어보며 다시 한강을 꼭 찾고야 말겠다는 의지를 굳게 다지곤 했으리라.

그 시대의 생존전략은 막강한 고구려를 어떻게 막아내느냐는 것이었다. 하지만 비운悲運은 한 치 앞도 가리고 마는가. 백제의 멸망은 늘 염려하던 고구려에 의해서가 아니었으니 말이다. 성왕은 사비성으로 천도한 후, 고구려의 내정이 불안한 틈을 타서 신라와 연합하여 한강 유역을 수복한다. 그러나 오래지 않아 신라에게 빼앗기고, 성왕도 신라군과 싸우다 전사하고 만다. 그 한을 어찌 다 헤아릴 수 있으리.

세월이 얼마 지나자 신라는 당나라와 연합해 백제를 총 공격하였다. 결국 백제는 최후의 저지선인 사비성이 함락되면서 역사에 종막을 고하고 말았다. 그 위세를 몰아서 나당 연합군은 고구려까지 공격하여 신라가 결국 삼국을 통일하였다.

공산성은 백제 멸망 후에도 백제부흥운동이 벌어지기도 했던 곳이다. 성왕이 사비성으로 천도를 안하고 전략요충지인 이곳에 남아 있었다면 백제의 역사는 과연 어떠하였을까. 가정한다는 게 부질없는 일이지만.

국가의 흥망은 정치, 군사, 경제, 외교 등 어느 하나에 의해서만 좌우되지는 않는 법이다. 정치문란과 지배계층의 향락으로 백성이 등을 돌려 국가적 일체감을 이루지 못한 게 멸망의 가장 큰 원인이었다. 외부의 적보다도 내부의 혼란이 가장 무섭다. 어느 시대, 어떤 역사이든 후손에게 전하는 가르침이 크다 하겠다.

입추가 지났는데도 아직 햇살이 따갑다. 공산성을 나서는 길, 풀밭에 뛰놀던 토끼는 보이지 않고 매미 소리만 더 처량하다. 옛 시절 그때도 저렇게 울어댔을까. 대답이 없다. 아쉬워하는 백제의 숨결만을 느낄 뿐이다.

노르웨이, 나를 사로잡다

에드바르 뭉크의 명화名畵 〈절규〉가 요즘 화제다. 얼마 전 뉴욕 소더비 시장에서 경매사상 최고가 기록을 세웠다는 보도는 이를 더욱 부채질하고 있다. 낙찰가가 1억1992만 달러, 한화로 약 일천삼백여억 원이라는 천문학적인 놀라운 액수다. 노르웨이 화가 뭉크의 이 작품이 일백여 년이 지난 지금 이렇게 유명세를 타는 연유가 무엇일까.

그가 이 그림을 그린 것은 1895년이라 한다. 당시 불우했던 현실 속에서 거대한 자연을 향한 경외심을 빌어 불안과 두려움을 공포로 표현한 작품. 빨갛게 칠해진 하늘, 양손으로 귀를 막으며 절규하고 있는 인물이 눈에 꽂힌다. 왜 그리 절절하고 애타

게 부르짖는가. 언론에 소개된 그의 일기 한 대목은 작품 절규를 말해주는 듯하다.

> '길을 걷고 있던 어느 날 피요르드가 내려다보이는 언덕 쪽으로 태양이 뉘엿뉘엿 지고 있었는데, 하늘이 돌연 피처럼 붉게 물들었다. 마음이 지독히 초조해져 그 자리에 멈춰 난간에 몸을 기대자, 칼에서 뚝뚝 떨어지는 피처럼 검푸른 피요르드와 거리 위로 낮게 깔린 불타는 듯한 구름이 보였다. 언제 끝날는지도 모르는 자연의 날카로운 절규絕叫가 대기를 갈기갈기 찢는 것 같았다.'

늦여름, 북유럽을 유람하다가 몇이서 노르웨이 여행길에 들어섰다. 노르웨이 여행에서 빼놓을 수 없는 즐거움이 피요르드 구경이라 했다. 피요르드는 빙하시대에 녹아내린 빙하의 압력으로 산이 깎여 만들어진 협곡에 바닷물이 들어와 만들어진 협만峽灣을 일컫는다. 도처에 있는 피요르드 중에서 '게이랑에르' 피요르드는 노르웨이의 보석이라 할 만큼 아름답기로 첫손을 꼽는다는 것이다. 말로만 듣던 그곳, 억겁의 오랜 세월의 흔적을 오늘 직접 보게 되다니 가슴이 뛴다.

걱정했던 것과 달리 맑은 날씨다. 버스가 굴곡진 산길을 빙글빙글 돌아 오른다. 낭떠러지처럼 구불구불한 요정의 길, 트롤스티겐은 멋진 구경거리다. 능선을 오르며 내려다보는 경관은 잠시도 눈을 뗄 수가 없다. 첩첩이 이어진 눈 쌓인 거대한 산에는 흰 구름이 걸쳐있고, 깎아지른 절벽에는 폭포들이 쏟아져 내린다. 깊고 깊은 협곡은 아찔아찔하다.

차창 밖의 풍경만으로도 그곳이 가까워졌다는 걸 느낄 때 버스가 멈춘다. 전망대에 들어서자 '게이랑에르'가 바로 발아래로 보인다. 서해안 중북부 도시 올레순에서 내륙 안쪽으로 깊숙이 들어온 피요르드다. 미끄러질 듯 눈앞에 펼쳐지는 경관, 자연에 대한 경외심으로 숨이 멎을 듯하다. 뭉크의 작품 '절규'의 배경이 혹여 이 근처는 아니었을까.

커다란 유람선이 포구를 출발하자 여행객들이 뱃머리로 몰린다. 유람선이 녹색 물살을 가르며 여유롭게 흐르고 있다. 뱃머리에서 보는 풍경은 기가 막힐 정도로 환상적이다. 아아~! 무심결에 감탄사를 쏟아낸다. 천 미터가 넘는 높은 산들로 둘러쳐진 협곡과 물길을 따라 양편에 솟아있는 절벽. 폭포들이 콸콸 쏟아지며 하얀 머리칼처럼 휘날린다. 자연 암벽을 타고 떨어지는 일곱 줄기의 거대한 폭포의 물줄기 향연은 참으로 장관이다. 여기저기서 터지는 카메라 셔터 소리가 물소리에다 환호 소리까지 겹쳐 요란스럽다.

다음날 여행길에서의 첫 만남은 가장 크고 오래되기로 소문난 요스테달 빙원의 한 자락인 '뵈이야' 빙하였다. 가까이 다가서자 마음부터 시원하다. 빙하 녹은 물, 옥색 푸른빛이 눈에 확 들어온다. 흐르는 물 한 모금 마시니 물맛 또한 그만이다. 오, 태초 자연의 빛과 맛! 사람의 손이 닿지 않는 거친 그대로의 자연을 잘 보전하고 있어 놀랍기 그지없다.

버스는 라달 터널을 달린다. 플롬 산악열차를 타려면 이 터널을 지나야 한다. 24.5km의 긴 굴곡진 터널이다. 일부러 굽이굽이 만든 것은 졸음운전 예방 차원이란다. 순간 승객의 얼굴 위로 '절규'가 덧대어진다. 터널 속 어둠과 불안 때문일까. 관광버스에는 블랙박스가 장치돼 운전자는 일정한 시간마다 차를 세워 쉬어가야 한다. 위반 시는 자격정지에다 벌금까지 부과한다니, 생명을 얼마나 중히 여기는지 알겠다.

앞서가는 나라, 노르웨이를 보시라! 1905년 스웨덴에서 독립한 입헌군주국으로 세계인이 부러워하는 복지국가다. 교육도 대학까지 무상이요, 평화와 인권이 보장된 나라다. 국토는 우리나라보다 훨씬 크지만 인구는 오백만 명 정도에 불과하다. 사람을 으뜸으로, 인간과 자연의 조화가 국가 표상이다. 세상을 향한 소리 없는 포효가 아니랴. 20세기 후반 북해유전이 발굴돼 부유한 채권국임에도, 후손을 위해 자원을 아끼고 근검절약을 우선시한다.

뭉크의 〈절규〉가 머릿속을 맴돈다. 현대인들은 왜 그 작품에 매료되는가. 어째서 노르웨이에서는 그를 상징적 예술가요, 앞선 인물로 내세울까. 생각이 깊어진다.

노르웨이는 그가 이 작품 제작 당시엔 스웨덴의 연방국이었다. 국토와 자연의 보전은 큰 과제였으리라. 나라의 재정형편과 국민들의 삶 또한 어려웠을 듯싶다. 더구나 인권보장은 엄두를 내지 못했을 터. 불안과 두려움이 오죽했겠나. 급진적이면서 지극히 새로운 실험적 시도를 갈망했던 예술 지향은 당시 혹평을 받았을지 모른다. 하나 거대한 자연을 향한 그의 경외심은 이제 높이 평가되고 있다. 불안과 공포에 시달리고 있는 오늘의 상황이 '절규'에 고개를 끄덕이게 만들고 있는 것은 아닐는지.

오슬로의 비겔란 조각공원에서 인간 삶의 모상을 본다. 욕망과 고뇌, 인간 삶은 어쩔 수 없는 윤회인가. 파아란 하늘에 흰 구름이 흐르고 있다. 노르웨이가 나를 사로잡았다.

계곡에 옛 풍류 흐르고

바위 언저리를 만지작거리는 햇살이 살갑다. 소슬한 바람은 나뭇가지를 흔들며 계곡을 감돈다. 지는 낙엽 소리에 세월의 흐름을 아는 듯 짹짹 종알거리는 새소리도 바람 타고 요란스럽다. 날름거리며 다가오는 한파에 대비하려 각오를 다짐하고 있음인가. 자연의 가족들이 제 몫을 하느라 열심이다.

방선문 계곡에 가을이 깊다. 드센 태풍과 폭우에 시달리며 그 뜨거웠던 여름 다 보내고, 좀처럼 오지 않을 것 같던 가을을 보듬어 안은 계곡이다. 높고 푸른 하늘 아래 오색단풍 물들이고 나뭇잎 휘날리며 흠뻑 제멋을 뽐냈었지. 떠날 차비를 하는 가을을 아쉬워함일까. 늦가을 계곡이 울긋불긋 곱다.

기암괴석과 아름드리나무로 우거진 계곡. 신선이 머물다 가는 곳이라 할 만큼 절경이다. 햇살에 반짝이는 바위와 돌이 눈을 부시게 한다. 골짜기에 꽃이 탐스럽게 피면 기이한 풍경을 연출하는 소문난 곳이다. 옛적엔 봄이면 진달래와 철쭉꽃, 영산홍이 만발하여 볼 만하였다 한다. 계곡물에 비치는, 암벽 사이마다 꽃으로 덮인 주변의 모습을 '영구춘화瀛丘春花'라 하여 영주십경의 하나로 꼽아왔다.

한라산 북쪽 기슭에서 흘러내리는 지천의 물은 이곳을 지나 한천漢川을 이루며 용연 바다로 흐른다. 영구춘화, 어제 본 듯 떠올리게 된다. 하천에 우뚝한 바위 사이사이로 맑은 시냇물이 흐르고 냇가 언덕에 무더기로 피어난 봄꽃들을.

어디 이뿐인가. 양쪽에 암벽이 깎아지른 듯 서 있고 그 가운데 언덕처럼 큰 바윗돌이 문 모양으로 걸쳐 있다. 영험한 언덕이라는 뜻으로 '영구瀛丘', 또는 들려진 언덕이란 뜻으로 '들렁귀'라고도 부른다. 안에는 수십 명을 수용할 만큼 꽤 넓다. 이 계곡 간판처럼 불리는 바로 그 방선문이다.

여기에 얽힌 전설이 재밌다. 옛날 백록담에는 해마다 봄이 오면 선녀들이 하늘에서 내려와 목욕을 했다. 이 방선문 계곡은 백록담에서 선녀들이 목욕하는 동안 한라산 신선이 잠시 자리를 피해 놀다가려 방문하는 곳이었다. 그런데 어느 봄날 미처 자리를 피하지 못한 한라산 신선은 선녀들이 목욕하는 것을 훔쳐보고 말았다. 노발대발 화가 난 옥황상제는 그 신선을 하얀 사슴으로 바꿔버렸다. 한라산 정상에 있는 호수를 백록담白鹿潭이라 부르는 것도 이 전설에서 유래하였다고 한다.

늦가을 오후, 방선문 계곡의 풍광에 홀로 빠져들고 있다. 선조들의 숨결일까, 풍류의 향기일까. 유혹하듯 신비스런 기운이 몸을 감싼다.

방선문 안으로 들어섰다. 마애명이 눈길을 끈다. 시를 새긴 영각과 이름을 새긴 명각이 여기저기 수두룩하다. 돌 벽에 '방선문訪仙門'이라는 마애명도 또렷하다. 목사나 판관, 시인묵객, 유배된 선비들이 풍류도 즐기고 마음도 달래면서 남긴 흔적이리라.

이곳에서 꼼짝없이 나를 붙잡은 마애명은 〈등영구登瀛丘〉라는 한시漢詩다.

석두하연처石竇呀然處　　뚫어진 바위구멍 입을 크게 벌린 듯
암화무수개巖花無數開　　암벽 사이 꽃들은 여기저기 피어났네
화간관현발花間管絃發　　꽃 사이로 퍼지는 풍악 소리 선율에
난학약비래鸞鶴若飛來　　신선 태운 난학이 너울너울 날아오는 듯

이 시의 작자는 학자이자 명필가인 영조 때의 제주목사 홍중징洪重徵이다. 그는 나중에 승록대부에까지 오른 이름난 선비로, 문장에 매우 능했으며 많은 저서도 남겼다. 풍악 소리를 들으며 영구춘화의 절경과 계곡의 신비감을 시로 멋스럽게 그려냈

다. 수많은 방선문 마애명 중에 대표적인 작품의 하나로 알려져 있다.

뛰어난 필체 그대로 시가 새겨진 바위를 손으로 쓰다듬어 본다. 활달한 초서체의 붓으로 쓴 획이 지금도 꿈틀대는 듯 생동감이 돈다. 이곳을 찾는 이들이 수없이 매만졌는지 바위가 매끄럽고 윤이 난다. 나처럼 휘둥그레 놀란 눈으로 감탄을 연발했지 싶다. '어쩜 이리도 아름다운 글과 글씨를 쓸 수 있나!' 하면서.

제주섬이 세계자연유산으로 선정 · 등재되어 각광을 받고 있다. 보존되어야 할 것이 어디 자연유산뿐이겠는가. 우리 주변에 문화유산이 많다. 옛 사람들의 자취, 선조들의 숨결은 소중한 문화유산이다. 잘 보존된 자연과 문화! 그것은 우리만의 것이 아니라 후손과 세계인이 함께 공유해야할 유산이지 않은가.

옛 선현들을 오늘 만난 듯하다. 변방이라고 했던 제주에 목사나 판관으로 부임해 왔거나, 귀양살이로 유배되어 왔던 선조들이다. 그분들이 제주에 오지 않았다면 이 방선문* 계곡과 아름다운 자연을 만날 수 있었을까. 마애명이 남겨있지 않았다면 나

---

* 방선문: 제주에 유배 왔던 면암 최익현의 〈유한라산기遊漢拏山記〉에도 기록돼 있고, 판소리 〈배비장전〉에 배비장이 기생 애랑의 목욕장면을 숲 속에서 훔쳐보던 한라산화유漢拏山花遊의 '수포동 녹림간'이 바로 그 곳이다. 제주항에서 한라산 쪽 8km 남짓 가면, 오라동 한천 내 상류계곡에 있다.

는 어찌 그들의 풍류를 맛볼 수 있었으랴.

하늘이 유난히 파랗다. 바람도 그새 잠잠해졌다. 들렁귀에 앉아 감사하는 마음으로 자연의 신비로움을 만끽하고 있다. 뿌듯하다.

이제 시작일 뿐인데

흐르는 달빛이 교교하다. 깊어가는 가을밤, 잠이 쉽사리 오지 않는다. 창문에 걸린 달빛은 방으로 스며들어 외로움을 부채질한다. 흘러가는 세월에 대한 아쉬움과 서글픔이 나를 엄습해온다. 버거운 이 고독을 어찌 홀로 다 감당하랴.

내가 꽤 수다스러워졌다고 한다. 이제 겨우 이순耳順에 들어섰을 뿐인데 건망증도 문제다. 어떤 때는 그런 자신에게 화가 나서 죽을 지경이다. 화가 가라앉으면 놀랍게도 그 밑으로 외로움이 슬며시 찾아든다. 나이는 속일 수 없는 것인가.

얼마 전, 고향마을 설촌 이래의 육백여년 역사를 정리하여 책을 만들기로 했다. 선조들의 삶을 찾아 정리 기록해 후세에 남기려는 뜻이 모아진 것이다. 곤혹스럽게도 고향을 떠나 온 지 수십 년이나 되는 내게 자금을 조달하는 일이 맡겨졌다.

남의 도움을 얻어내는 일이 그리 쉬운 일인가. 지원을 받으려고 기관단체와 지역유지들을 찾아 나섰다. 출향인사에게도 도움을 청하며 돌아다니느라 바빴다. 금액이 많든 적든 여럿이 참여해야 뜻있는, 이런 모금은 생각보다 어려운 일이었다.

그 어느 날, 가까운 선배에게 전화를 하다 결국 일을 내고 말았다. 가까운 사이일수록 조심해야 하는데 전화로 부탁을 하다 보니 문제가 생긴 것이었다. 부탁 말투가 기대에 어그러져 마음이 서운한 것인지, 속히 좀 도와달라는 것을 '안 되면 말고'의 뜻으로 받아들여 불만스러운 것인지는 알 수가 없었다. 그 선배와 서먹서먹한 관계가 되어버렸다.

이해해 주리라 믿었던 분이 멀어져 가는 걸 보면서 무척이나 섭섭하고 마음이 아팠다. 자신에게 화를 낼 뿐 앞에 가로놓인 것은 외로움이었다. 곁에 누구 하나 없는 것 같은, 그런 형언할 수 없는 고독감이 나를 엄습해 왔다.

섭섭하고 불편한 관계가 오래가면 곤란하다고 걱정하면서도 내겐 오해를 풀 용기조차 없었다. 다행히도 그 선배가 먼저 손을 내밀어 나는 얼른 붙잡았다. 자기 마음을 몰라주는 후배가 섭섭했던 것 같다. 말이 길면 요점이 흐려지고 오해를 불러오기 마련일까. 수다스레 말이 많았던 것이 탈이었는가 보다.

야속하게도 요즘 섭섭한 일만 연속이다. 지난 토요일 초저녁이었다. 시골 친구네 잔칫집에서 벗들이랑 함께 소주잔을 비우고 있었다. 갑자기 핸드폰이 울려 받아보니 카랑카랑한 목소리가 귀청을 때렸다. 술이 확 깨고 정신이 번쩍 들었다. 농장을 경영하는 친구가 시에 와서는 전화로 투덜대는 게 아닌가.

"모임이 다음 토요일인 걸, 잘못 왔다 돌아가다니! 이게 무슨 꼴이람."

화가 머리끝까지 치솟아 있었다. 내가 전화로 말만 많이 하고, 정작 모임 날짜는 잘 알려주지 않아 헛걸음쳤다는 것이었다. 나는 어안이 벙벙해 할 말을 잃었다. 모임날짜를 미리 메일로도 보내고 전화로도 연락했는데, 뭐가 잘못되었는지 몰라 쩔쩔맸다. 건망증까지 나를 애먹이는 요즘임에랴.

농장친구가 시에 왔다 허탕을 치고 돌아가면 아까운 서너 시간은 멀쩡하

게 버리게 된다. 다음 토요일을 바로 오늘로 알았다니 황당한 일이다. 화를 낼 만도 하다.

돌아오는 차 안에서 곰곰이 생각했지만 영 떨떠름했다. 집에 오자마자 컴퓨터를 열고 찾아도 잘못은 알지 못하고 화만 울컥 치솟았다. 어쨌거나 연락책임을 맡은 나는 친구에게 죄송하다는 메일을 보냈다. 보나마나 전화로 말 많았던 게 문제였지 싶다. 상황은 사람에 따라 다르게 받아들여지기도 하니까. 그 친구도 미안하다는 답장을 보내왔지만 서운한 감정이야 어찌 없으랴. 전화 말고 문자메시지를 보냈어야 하는 것인데, 후회막급이었다.

한데 왜 내가 그리도 안절부절못하고 화가 났을까. 수다스러움에 휘둘리는 자신이 너무 미워서일 거다. 남을 아우를 수 있는 마음의 여유도 내게 부족했던 듯하다. 옹졸한 내 자신이 부끄럽다. 친구가 화를 낸 것도 가까운 사이이니 잘 챙겨 주리라는 기대에 못 미쳐 섭섭함이 큰 때문이 아닐는지.

섭섭하다는 감정은 내가 원하는 만큼 해 주지 않는 상대방 때문만이 아니라, 기꺼운 마음으로 줄 수 있는 이상을 준 자신에게도 잘못이 있는 것이라고 한다. 상대에게 해 준 만큼 돌려받지 못한다고 남을 탓하거나 서운해 하기 십상이다. 분수에 넘치게 주면, 어떤 형태로든 그 보상을 기대하게 되어 섭섭한 마음이 생기게 마련이다. 자기 마음에서 우러나 주고 싶은 만큼만 주고, 하고픈 만큼만 하면 섭섭함은 적어질 텐데 그렇지 못하니 늘 아쉽다.

무심코 건넨 말 한마디가 상대방의 마음에 상처를 주는 일도 흔하다. '괜찮겠지.' 하는 말이 듣는 사람에겐 아픔이 되기도 한다. 말이 준 상처를 치유하고 섭섭한 마음을 돌리는 것은 보통 일이 아니다. 주변에서 사소한 한마디가 불씨가 되어 서로 멀어지는 걸 볼 때면 마음이 쓰리다.

이 늦은 밤, 방안으로 스미는 달빛은 나를 여과 없이 투영하고 있다. 누군가에게 섭섭한 마음, 뭔가 손해 본 것 같은 마음으로 허전해진 요즘의 내가 보인다. 쓸쓸하고 외로운 모습이다. 가을은 삶의 보람과 결실을 맛보는 계절이 아니던가. 고독해진 나를 추스르며 위로한다. 이건 시작일 뿐이라고.

≪담장을 넘을까 봐≫에 부치는 사신私信

우한용禹漢鎔
(소설가, 서울대 명예교수)

1. 초면입니다, 오승휴 선생님

글로나 생애 경험으로나 우린 초면입니다. 문단에서 인사할 때 잘 쓰는 표현으로 '형'이란 말을 쓰기로 합니다. 그렇다고 '오형'이라고 다짜고짜 들이대기는 좀 망설여집니다. 그래서 그저 글쓰는 친구 정도로 생각하고 사형詞兄이라고 부르려 합니다.

사형의 수필집 원고를 읽고 이 엉성하기 짝이 없는 글을, 그것도 사신 형식으로 드리게 된 것은 순전히 ≪수필과비평≫의 유인실 주간의 역할에 힘입은 바입니다. 전부터 안면이 익숙해진 터라 그렇겠지만, 전화를 해서는 이렇게 들이대는 거지 뭡니까.

"우 교수님, 수필 같은 건 별 관심 없으세요?"

우리들이 하는 수필 작업을 좀 도와달라는 것 같은 느낌도 들고, 비아냥거리는 톤이 섞이기도 하고, 소설가라고 장르를 그렇게 제한하면서 살 필요가 있는가 묻는 듯하기도 했습니다.

“무슨 얘깁니까?”

“제주에 계신 오승휴 선생이라고 수필이 깔끔해요. 그분 수필집 원고가 편집이 다 되었는데 해설 하나 쓰시면 어떻겠어요?”

“해설? 그런 거 말고, 덧붙이는 글 정도라면 몰라도.”

“알았습니다, 써주시는 걸로 믿고 원고 보냅니다.”

그렇게 해서 사형의 원고를 받아보게 되었습니다. 밑줄을 긋기도 하고 필요한 메모를 하기도 하면서 읽은 사형의 수필은 가편佳篇이라는 느낌으로 다가왔습니다. 글을 쓰기로 응락하기 잘했다는 생각을 하면서 글을 준비했습니다.

2. 동시대인의 감수성을 보면서

같은 시대 같은 하늘을 이고 살아도 끝까지 생면부지로 지내는 이들이 태반입니다. 그런데 글을 매개로 해서 이렇게 만난다는 것은 큰 인연이 분명합니다.

사형은 나와 같은 시대를 살고 있는 분이라는 것을 글 속에서 자상하게 알게 되었습니다. 같은 시대를 살면 먹고 입고 사는 데서 꼭 같은 모양을 드러내는 법입니다. 시대를 앞서간다는 것은 대단한 모험이거나 헛된 욕망일지도 모릅니다. 다가오지 않는 미래에 매달릴 것이 아니라 자기 살아가는 시대 이야기를 곡진하게 쓰는 게 글의 정공법일 터입니다. 그런 점에서 사형의 글은 전범이 아닌가 싶습니다.

가난하던 시대 가난한 집에서 태어나 고생하면서 살았던 이야기, 그 진부한 이야기가 감동으로 다가오는 것은 진솔한 고백과 아릿한 정이 담겨 있기 때문으로 생각됩니다. 우리 시대 부모들 고생하면서 살던 이야기를 하면 눈물 안 나는 이가 어디 있겠습니까. 더구나 사형처럼 대학에 다니는 중에 어른들이 돌아가시고 형제들이 '인동초'처럼 살아가야 하는 그 생애가 호락호락하지 않았을 겁니다. 〈애야, 인동꽃을 보아라〉에서는 인동꽃처럼 어기차고 그러면서 향기를 풍기는 누님의 삶을 짙은 서정으로 그리고 있군요. 그런 서정이 돋아나는 것은 글에 삶의 진실이 담기기 때문일 것입니다.

우리 시대에는 '사나이'를 특히 강조했던 것 같습니다. 어머니의 교육도 그랬을 것이고 사형의 자당어른도 그런 분이었던 것을 알게 됩니다. 기르던 병아리를 족제비가 물어가는 바람에 울고 있을 때 〈사내녀석이 울기는〉 하면서 달래주던 어머니에 대한 기억이, 닭잡아먹는 날의 추억과 함께 그려져 있군요. 저는 강아지를 기르다가 그놈이 죽는 바람에 엉엉 울었다고 '사내녀석이' 하는 호통을 들었던 기억이 떠오릅니다. 그 사내들이, 국내산업의 역군이 되고 세계로 진출해서 외화를 벌어들여 조국 근

대화에 기여했던 것은 누구나 아는 일 아닙니까. 가히 사내들의 시대였습니다.

우리 시대는 사제간의 정이 각별했던 것 같습니다. 가난에 찌들려 고생하는 아이들 눈빛 속에서 선생님들은 희망을 읽었던 까닭이 아닐까 합니다. 사형의 사제간 인연 또한 각별하여 내가 받은 선생님의 은혜와 비견되면서 나도 이런 글을 써 보고 싶다는 의욕이 일어나기도 했습니다. "은혜는 돌에 새겨두라는 옛말이 있다."로 시작하는 〈은혜로운 인연〉은, 대학을 중도에 그만두고 취직을 해야 하는 상황에서 재정보증을 서 준 지도교수에 대한 은혜를 기억하고 있군요. 그 가운데 어린 시절 성장 과정에서 "가난이 서러웠다."는 체험을 담담하게 기록하기도 했군요. 결과적으로 글이 복합적으로 구성되어 읽는 재미가 돋아납니다. 그리하여 인연의 의미를 이렇게 정리하는군요. "누구나 인연을 맺고 살아간다. 인연은 귀중한 것이다. 어떤 사람을 만나느냐 또 언제 만나느냐에 따라 인생길이 갈린다. 필연이든 우연이든 가벼이 대할 수 없는 연유가 여기 있다."

지금이라고 아르바이트 안 하고 학교 마치는 학생들이 몇이나 될까요. 어쩌다가 학생들 부업이 그 어려운 독일어 단어 아르바이트(Arbeit)가 되었는지 모르겠습니다. 선생님 댁에서 기숙하면서 아이 가르친 경험 가운데 인간적 대접을 받은 일이 〈따스한 손길〉에 곡진하게 그려져 있어, 선생님의 정이 사모님으로 이어져오는 아름다운 광경을 연출하고 있습니다. 적절히 인용하고 있는 말, "고개를 숙이면 부딪치는 일이 없다."라는 경구 또한 인상적입니다.

우리 시대는 끝없는 안개 속을 헤치면서 살아온 게 아닌가 싶습니다. 〈안개 속을 헤매다〉가 그런 작품이지요. 사형이 헤맨 안개 속이라는 것은 40대 초반 부담스런 승진을 해서 그 짐을 견디지 못하고 사표를 내고, 그것을 돌려받고 가까스로 정착한 이야기로군요. 감성이 섬세한 분들은 자신의 능력과 처지에 어울리지 않는 자리를 못 견뎌합니다. 그런 점에서 사형은 감성이 참 섬세한 분이란 생각을 하게 됩니다. 한편 해직을 당하고 명예회복을 위해 법정투쟁을 벌여 해직무효 판결을 받아내는 이야기를 쓴 〈설한풍은 불었는데〉는 집요한 성격의 일면을 여지없이 드러내기도 합니다. 그렇다면 사형은 복합적 성격을 지닌 분으로 생각되어 흥미롭기도 합니다.

아무튼, 직장을 마무리하고 인생의 〈연장전을 즐기라〉 하는 기치 아래, 문학에 뜻을 두고 작품활동을 하는 분이라는 것을 알게 되었습니다. 문학을 매개로 만나는 이들은 사심없이 터놓고 이야기할 수 있는 많지 않은 동지들이 되기도 합니다. 같은 시대 체험의 동질성을 바탕으로 사형의 문학에 대한 몇 마디 이야기를 하려고 합니다.

3. 수필, 그 너그럽고 까탈스런

사형과 나는 같은 길을 가면서도 공통점과 차이점이 분명한 듯합니다. 사형은 수필에 진력하고 나는 주로 소설에 힘을 쓰는 편인데, 그 차이가 아마 그렇게 나타나는 것 같습니다. 사형의 등단은 〈그 한마디〉에 잘 나타나 있군요. 퇴직을 하고 얼마 안 되어 문학강좌에 참여해서, 고교시절 같은 반 단짝 친구한테 시詩를 공부하는 과정에 글을 써보기 시작한 일을 회상하는군요. '정감 어린 글은 …… 짜임새 있는 구성, 형상화한 언어, 흥미있고 박진감 넘치는 묘사'가 필요하며, 글의 소재는 '추억의 바다에서 건져올린 풋풋한 삶의 이야기'라야 한다는 점을 계도받은 내용도 적어 두셨군요. 그리고 "좋은 작품은 독자를 행복하게 한다."는 이야기도 들으셨군요. 그런데 사형을 작가로 나서게 한 것은 "아, 이거 괜찮은데!" 하는 칭찬 '한마디'였군요. 그렇지요, 칭찬의 힘이라는 게 사람을 거듭나게 하는 거니까요. 그렇게 출발해서 '아직 멀었으니 조급하게 서두르지 말자.' 하면서 '수필을 사랑하고 있는' 과정을 깨달음으로 얻어가지고 있다니 믿음이 갑니다.

그런데 수필이라는 게 그렇게 만만하거나 호락호락한 게 아니라서 이런 글이 나오는 모양입니다. 그게 〈수필, 이 친구야!〉라고 나무라는 듯 애정 어린 시선이 가득한 글입니다. 그렇지요, 사형처럼 스스로가 어설퍼지는 날이 있지요. 그럴 때 바람이나 쐰다면서 밖에 나가면 내가 '자연 속의 인간'이란 느낌이 다가오지요. 더구나 산과 바다가 어우러진 제주라면 더 적실하게 자연에 다가갈 여건이 마련되어 있는 셈이라 짐작이 갑니다. 거기서 얻은 사색의 편린이 이렇군요. 수필의 "관건은 인생과 자연을 관조하면서 얻은 나의 체험과 사색의 조각들은 어떻게 그려내느냐에 달려 있다. 무엇보다 진솔하고 솔직하고 순수해야 할 터이다." 그러한 사색은 다음과 같이 이어지네요.

> "수필이라는 친구는 사귀기가 그렇게 녹록지 않다. 나의 속내를 다 드러내보여야 하는데 그게 부끄럽다. 그렇지만 감출 수도 없다. 또한 감성의 샘물이 마르지 않게, 감각이 무디지 않아야 수필과 관계를 유지할 수 있으니 참으로 만만치 않다."

부끄러운 속내란 무엇인가? 우리가 세상 살아가면서 겪은 갖가지 일들 그게 아닐지요? 실패한 일들, 실수, 실책 등등 그렇게 잃어버린 삶의 가치가 거기 모두 들어가는 거지요? 아직도 빨갛게 살아 있는 내 속의 상처를 드러내는 것은 가히 용기일 터입니다. 그런데 용기로만 터놓을 수 없는 일들이 있게 마련이지요. 그런 일을 두고는 망설임이 없을 수 없습니다. 두렵고 부끄러운데도 삶의 진실을 위해 터놓고 이야기하는 글쓰기의 자세. 이는 다른 말로 진실을 향한 열정이라 할 수 있을 겁니다. 진실에 다가가는 일이 어찌 호락호락할 수 있겠습니까. 감출 것은 적당히 감추고 타협할 것은 적정선에서 마무리해 두고, 그리고 얼굴에 기름기 낀 웃음을 발라놓고 지내는 속물들과 거리를 유지하되, 자신도 결국은 속물적 근성을 지니고 있다는 점을 확인하는 일이 어찌 만만하겠습니까.

"따뜻한 글, 진솔하고 맛깔스런 글을 쓰고 싶다."라고 했지요? 사형과 달리 나는 그런 글에 대한 소망은 접어두고 있습니다. 독자의 '공명共鳴'과 공감을 얻기 위해서는 그래야 하겠지요. 그런데 현실은 싸늘하고, 위선은 물론 위악이 널려있고, 입맛 떨어지는 신산辛酸한 일들로 가득합니다. 그 가운데 서 있는 나란 존재는 무엇인가가 우선이기 때문에 남을 돌볼 여가가 없습니다. 아무튼 사형의 그런 소망이 이루어지기를 빌 따름입니다.

한데 드디어 듣고 싶지 않은 고백 한 구절과 마주합니다. "글을 쓴다는 것은 고통 그 자체다." 어디서 많이 듣던 구절 같지 않습니까? 한마디로 박아 쓰고서는 시원하다고 쾌재를 부르기 전에 살펴보아야 합니다. 미안하게도 이런 이야기까지 나가게 되었나요. 이담에 "우형, 정말 그렇소이까?" 하고 물어보시기 바랍니다. 아무튼 하던 이야기로 가지요. 나는 그런 생각을 하곤 합니다. 글을 쓰는 일은 고정관념을 털어내고 자유를 향해 나아가는 일이라고 말이지요. 고정관념은 나의 경험으로 소화되지 않은 상투어나 명언 명구, 속담 등에 관솔 옹이처럼 박여 있습니다. 그놈을 빼내야 내 눈이 뜨입니다.

앞에서 내둥 글을 쓰게 되어 얼마나 좋은지 모르겠다(〈수필, 이 친구야〉), 인생 연장전에 들어서 글을 쓰면서 짜릿한 삶의 맛을 즐기겠다(〈연장전을 즐기시라〉), 김연아의 멋진 피겨스케이팅(〈짜릿한 감동, 벅찬 기쁨〉), 내외가 그림자처럼 조화를 이루어 살아가는 이야기(〈그림자〉)를 해 놓고는 글을 쓴다는 게 고통 그 자체라니, 이 글 안에서 앞뒤가 안 맞는 이야기를 하는 셈이지요.

사형의 글을 읽으면서 수필은, 나아가 글쓰기는 사람을 너그럽게 해준다는 걸 알았습니다. 어찌 보면 글을 쓰는 일은 자신의 감정에 박힌 응어리를 확인하고 그 응어리를 문질러서, 좀 아프기는 하지만 서서히 풀어내는 과정이라고 해도 좋을 듯합니다. 이를 다른 말로 사려깊다고 하는 것일 터인데, 그 사려깊음은 자성自省에서 출발합니다.

그리고 사려깊음이 제대로 표현되기 위해서는 사형께서 이야기한 대로 "감성의 샘물이 마르지 않게, 감각이 무디지 않아야" 할 것입니다. 이를 감수성이라 할 것인데, 수필적 감수성은 사려깊은 자성을 바탕으로 합니다. 그러자면 대상을 자아의 영토 안으로 이끌어들여야 합니다. 사형이 관찰한 자연, 여행지의 풍광, 만난 인연이 있는 사람을 대하는 법도 같은 데서 감수성이 싱싱하게 살아 있습니다. 내가 주목한 것은 〈그 손짓에 마음이 머물고〉라는 작품입니다. 이는 나 자신의 취향과도 연관되는 사항인데, 나 또한 산수국을 남달리 좋아합니다. 이 작품에는 사형의

미감이 가감없이 살아나 생동합니다.

"숲길 옆 바위 주위에 곱게 핀 산수국. …… 보랏빛 작은 꽃들은 진짜 꽃이고 둘레에 크고 아름다운 꽃은 가짜 꽃인 헛꽃이다. 헛꽃을 보고 진짜 꽃으로 착각하기 십상이다. 화려한 헛꽃에 비하면 참꽃은 보잘것없어 보인다. 그런데 별 모양의 작은 꽃잎에 더듬이처럼 생긴 수술들이 모여 이색적인 아름다움을 갖추고 있다." 이처럼 꽃을 그대로 묘사하는 데서 끝나지 않고, "아가씨들 둘이 꽃구경하며 서 있는 모습"을 곁들여 대상 묘사에다가 사건을 도입함으로써 이야기를, 대상을 바라보는 시각을 겹으로 조직하는 방법을 구사하고 있군요. 이 글은 이렇게 마무리됩니다. "신비로운 생명이 저마다 소리와 빛깔로 살아 꿈틀대고 있는 숲속. 산수국 꽃잎에도 햇살이 반짝거리고 있다. 뿜어내는 초목의 향기와 맑은 공기가 오장으로 깊숙이 스민다. 살랑대는 바람결에 헛꽃이 손짓하고 있다. 그 손짓에 마음이 머문다."

대상을 섬세하게 묘사하고, 거기 해석을 덧붙인 다음 다시 대상으로 시선을 돌려 자연과 필자의 교감을 보여주는 수법이 범상치 않은 겁니다. 이게 사형이 쓰는 수필의 매력이란 생각을 거듭합니다. 이런 섬세함은 〈소철이 끄떡없네〉라든지 〈털머위가 속삭이듯〉 하는 데도 잘 나타나 있군요. 12월 산행에서 만난 털머위 노란 꽃을 보면서 자연의 신비함에 공감하고 거기서 삶의 이치를 찾아내는 감각이 수필의 수필다움을 보장하는 감수성이 아닐까 합니다. 그런 경지면 수필이 그렇게 까탈을 부리지는 못할 게 아닌가 싶기도 합니다.

4. 여행의 상상력

사형, 이번 여름에 어디 안 가세요? 국내외로 꽤 돌아다닌 경험을 글로 갈무리해 놓은 것이 감칠맛이 있어 반가웠습니다. 내가 다녀온 데를 사형은 어떻게 다녀왔나 궁금해서 죽 훑어보았습니다.

스웨덴에 갔던 경험은 〈왜 그리 반했더냐〉에 나타나 있는데, 노벨상을 제정한 노벨의 이야기, 거기서 연상되는 김수환 추기경의 이야기, 겸손을 모르는 요즈음 세태 등을 이야기하다가 "화려한 겉보다는 실속 있는 삶을 사는 사람들, 스웨덴 여행길에서 '겸손'을 만났다"로 마무리되는 글. 하루 묵었다는 칼스타드에는 나도 갔던 적이 있는데, 조각공원에서 어떤 노인을 만났죠. 거기 전시된 작품이 훌륭하다고 했더니 어떤 점이 훌륭한가 묻는 바람에 잠시 어리뻥해져 서 있었지요. 추상적인 평가가 허언虛言이 된다는 점을 일깨운 그 노인이 떠오르는데, 그것이 어쩌면 겸손의 이면일지도 모르겠습니다.

이스탄불을 여행하면서 보스포러스 해협에 깃든 신화와 문명을 살핀 다음, 6·25에 참전했던 한국과 형제의 나라라고 하는 터키의 인상을 펼친 〈형제여, 잊었는가〉도 인상적입니다. 사형은 앙카라 한국공원을 찾아가 '한국전 참전 기념탑에는 전사자의 이름'을 보면서 피로 맺은 형제의 의를 잊었는가 하는 "영혼의 울림이 들린다"고 하십니다. 그게 나와 다른 점인데요, 나는 이스탄불에 가서 이런 생각을 했지요. 제국의 황제를 넘보던 알리 파샤는 목이 잘려 술탄의 앞에 바쳐지는데, 그때 술탄의 얼굴이 어떠했을까, 그리고 그 목은 어떻게 처리했을까 그런 생각으로 서사를 만들고 있었지요. 구태여 말하자면 이게 아마 수필과 소설의 차인인지도 모르겠습니다.

그리스문자로 Δελφοί라고 쓰고 델피라고 읽는 그리스 신화의 고도에 다녀오셨군요. 〈그리스인의 고향, 델포이〉는 제주에서 펼쳐지는 '전통굿 한마당'에서 글이 시작되는군요. '제주 칠머리당 영등굿'이 세계무형문화유산으로 등재되면서, 무녀에 대한 궁금증과 신전神殿이 보고 싶어 델포이를 찾아 나섰다고, 이웃동네 마실가듯 훌가분하게 여행길에 오른다는 게 보통일이던가요. 그 아무나 못하는 일을 감행하는 데 멈칫거림이 없고, 가서는 그곳의 풍경과 사람살이를 돌아보고 무녀의 역할을 상고하면서 다시 제주로 시각이 돌아오는군요. 사형의 고향에서 그리스인들의 고향에 갔다가 다시 사형의 고향으로 돌아오는 순환형 구조를 이루고 있는 글이 된 셈이군요. 델피에 갔을 때, 신전 앞에 새겨 놓았다고 전해지는 '너 자신을 알라gnothi seauton'는 소크라테스가 자신의 철학으로 승화할 만큼 중요한 의미를 지니는 것인데, 혹시 사형께 뭐라고 신탁을 내리는 소리는 못 들으셨는지요?

모스크바 여행기 〈조각구름의 날갯짓〉 역시 제주에서 열렸던 한-소 평화회담으로 연결되어 여행이 곧 고향으로 돌아오는 길이라는 걸 보여줍니다. 이는 사형의 '향토애'가 아닐까 해서 원고에다가 그렇게 메모를 해 놓았습니다. 내가 모스크바에 갔을 때는 현대호텔에 머물렀는데, 북경올림픽이 결정되는 회의가 그 장소에서 열렸고, 북경으로 결정이 나자 호텔이 요동을 칠 정도로 환호하는 중국인들을 보고, 어디를 가도 자기 나라 사랑하는 정은 별반 차이가 없다는 생각을 했던 기억이 새롭습니다. 세계화 시대에도 고향은 여전히 고향인 듯, 향토애로 제주를 감싸면서 애향심 가득한 상상력을 발휘한 글을 넉넉하게 쓰시리라 믿습니다.

5. 훈장 친구를 두면

선생이라는 사람은 거개가 뭔가를 자꾸 설명하려는 버릇이 있습니다. 일종의 직업의식일지도 모릅니다. 용허하실 줄로 알고 몇 가지 고운 소리와 쓴소리를 아울러 보려고 합니다.

사형의 수필은 절제의 미덕이 두드러집니다. 우선 수필의 정석定石을 탄탄히 익힌 덕이라고 생각됩니다. 요즈음 그런 생각을 자주 하는데, 옛사람들 글을 보면 간결하고 함축성이 두드러집니다. 요새는 기기가 발달해서 글을 쓰고, 고치고 지우는 게 편해지니 글이 너절근해지는 경향이 있습니다. 사형의 글은 단아하게 자기통어가 잘 되어 있어서, "한가로움엔 못 견디는 체질"이라고 하듯이 자신의 글을 다듬는 데 한유함이 없는 모양입니다.

인간이 자연과 더불어 산다는 게 얼마나 큰 덕인가를 구태여 강조할 필요가 있을까요. "숲 속은 계절을 불문하고 생명력이 넘치는 곳이다." 이렇게 규정되는 숲은 사형의 자연에 대한 사랑과 경외심敬畏心이 발동하는 공간이 되어 있습니다. 작품집의 첫 작품 〈동박새가 바람났네〉도 변화하는 자연 이야기고, 〈저 바다의 은물결처럼〉제주의 자연에 인문적 내력을 깃들인 작품이고요, 〈들썩이는 섬〉도 제주가 세계자연유산으로 등재되면서 섬이 활기를 찾는 이야기군요. 일일이 예를 들지는 않겠습니다만, 자연에서 멀어지는 시대에 자연을 쳐다보고 찾아나서는 것만으로도 자연에서 상상력을 길어올릴 수 있는 계기가 되리라 믿게 됩니다.

훈장訓長이라는 사람은 글자 그대로 훈계꾼입니다. 버릇대로 한마디만 덧붙이기로 합니다. 문학을 한다는 것은, 그 장르가 무엇이든지 간에, 모국어를 감성으로 살지게 하고, 현실에서 쓰이는 말들을 논리적으로 차지게 하며, 다가올 시대의 언어를 꿈으로 물들여야 하는 소명을 지녔다는 뜻이 됩니다. 좀 자세히 말하자면 남들이 노상 써서 신선미가 빛바랜 상투어를 벗어나야 합니다. 상투어는 사고의 진전을 가로막고, 감성을 주눅들게 합니다. 어디선가 "채소의 맛이 기차다."라고 써 놓았는데, 어떻게 기찬지를 이야기해야 할 겁니다. 태풍이 "농작물까지 작살냈다"고 한 곳도 있습니다. 좀 다듬어야 할 듯합니다. 가을을 '남자의 계절'이라고 한 것도 역시 좀 구체화되어야 할 것입니다. 몇 군데 더 있는데, 초면에 그만하면 집히는 데가 있을 줄로 믿겠습니다.

문체와 관련하여, 의인화擬人化를 좀 비켜가는 것이 감성의 섬세한 분화에 도움이 되지 않겠나 싶습니다. 사형도 잘 알 듯이 의인화는 비유의 일종입니다. 비유 가운데서도 활유의 하나로 사물을 사람으로 비유하는 것이지요. 이는 시심의 본령이고, 동심에 다가가는 천진함을 뜻합니다. 더 올라가자면 물활론(animatism)과 연관되는 것이라서 산문에서는 경계해야 하는 것이기도 하지 않던가요. 〈소철이 끄떡없네〉라는 작품에는 태풍에 시달린 소철이 상황에 적응하고 수용해서, 그 마음이 너그러운 모양이라고 칭찬한 다음에 "강인함 또한 가슴에 찡하게 와 닿는다. 녀석이 내게 나직이 속살거린다. "어려움과 고통은 삶에 추동력이 된다네." 다정스런 속삭임이 되레 나의 아픈 데를 콕콕 찌른다. 이제껏 나를 배려하기보다 자기중심적이었던 내가 아니던가." 소철이 풍우를 견디는 힘이 어디서 오는가를 생각하는 데서 마무리해도 충분할 것인데, 폭풍을 견딘 소철이긴 하지만,

소철을 두고 사형이 이기적으로 살았다는 반성을 하는 것은 좀 지나치지 않습디까?

이런 소리 안 하면 훈장 자격증 떼갈까 봐서 하는 소리려니, 그리 여겨 주시길 바랍니다. 그런 중에도 들어둘 만한 두어 마디는 있을 것이라는 게 또 훈장의 옹졸한 배려이기도 할 게 아닌가 싶군요.

문학은, 좋은 문학은 늙지 않습니다. 문학을 하는 사람은 나이를 먹지 않습니다. 다만 전제는 있을 듯합니다. 문학을 위한 열정이 불꽃처럼 피어나도록 내면을 단속해야 하고, 문학의 언어가 신선하도록 감수성을 거듭 훈련해야 한다는 것. 〈아, 이제야〉에는 "나이가 들면 감동을 쉬 하게 되나 보다." 하는 구절이 있어, 그렇다고 고개를 주억거리다가 글의 끄트머리에 가서 "나도 이제 철이 좀 드나보다. 막힌 곳이 없는지 주변을 다시 둘러봐야겠다." 하는 데서 나이먹기와 철들기가 같은 게 아님을 환기하고 있습니다. 나이 듦이 은발에 지혜의 빛을 뿌리기 바라는 마음 간절합니다.

여기까지 전개하다가는, 엉뚱하게도, 표제작 〈담장을 넘을까 봐〉의 결말이 궁금해졌지 뭡니까. 이웃집과 우리 집 사이에 담이 있고, 우리 감나무는 저쪽 집으로 가지를 뻗고, 이웃집 대추나무는 우리 집으로 가지가 넘어와 얽히게 되었는데, 아마도 이웃집 주인이 두 나무의 가지를 잘라 정연하게 정리를 했다는 거지요? 그 후가 궁금해졌습니다. 뒤에는 목련이 이웃집 담을 넘지 않고 곧게 자라 올라가 꽃을 화사하게 피웠다는 거고, 그 꽃을 보고 낯모르는 총각이 사진을 찍으려고 집에 들어왔다는 거 아닌가요. 그런데 옆집 주인과는 아무런 소통이 아직도 없는지요?

사형의 곡진한 인정에 대해서는 이야기를 아끼기로 합니다. 다만, 〈담장을 넘을까 봐〉라는 작품을 다시 읽으면서 로버트 프로스트의 〈담장 고치기〉라는 시가 떠올랐습니다. 봄날 무너진 담장을 고치는데, 이웃집 마당은 소나무로 가득하고 이쪽은 사과 과수원이지요. 이쪽 농부가 말합니다. "내 사과나무가 담을 넘어가서 당신의 솔방울을 따먹지는 않을 겁니다." 이웃 농부는 무심한 듯 그저 "튼튼한 담이 좋은 이웃을 만들죠."라고 대답해요. 아마도 짐작건대, 그는 자기 아버지가 했던 말의 속뜻을 알려고 하지 않고, 그 말을 생각해낸 것에 그저 흐뭇해하며 이렇게 다시 같은 소릴 합니다. "담을 잘 쌓아야 이웃간에 사이가 좋은 법이죠."이런 대화 가운데는 담 없이 트고 사는 삶의 가치에 대한 시인의 열렬한 소망이 담겨 있는 듯합니다. 사형께서도 소통을 한번 시도해 보시지 않을랍니까? 무슨 대답을 듣건 그게 소통을 시도한다는 가치를 넘어설 수 없는 게 아닐지요.

사랑스런 손녀 데리고 음전한 사모님과 더불어 정원 가꾸며 지내는 가운데, 늙지 않는 수필가가 되어 청신한 감각으로 감동 깊은 작품을 계속 쓰시기 빕니다. 저도 사형께 소설을 보여드릴 수 있도록 다짐을 고쳐하면서, 폭우를 이겨내는 소철처럼 싱싱한 의지를 내면에 기르도록 해 보겠습니다.

초면에 이야기가 너무 긴 게 아닌가 싶어 저어하게 됩니다. 여기서 줄입니다.

오승휴 수필집

담장을 넘을까 봐

인쇄 / 2013년 7월 25일
발행 / 2013년 7월 30일

지은이 / 오 승 휴
발행인 / 서 정 환
발행처 / 수필과비평사

출판등록 / 1984년 8월 17일 제28호
주　소 / 서울시 종로구 삼일대로 32길 36
(익선동 30-6 운현신화타워 빌딩) 301호
전　화 / (02) 3675-5633, (063) 275-4000
팩　스 / (063) 274-3131
E-mail / essay321@hanmail.net

값 15,000원

ISBN 978-89-98524-72-2 03810

이 도서의 국립중앙도서관 출판시도서목록(CIP)은 서지정보유통지원시스템 홈페이지(http://seoji.nl.go.kr)와 국가자료공동목록시스템(http://www.nl.go.kr/kolisnet)에서 이용하실 수 있습니다.(CIP제어번호: CIP2013012682)